Christiane Stauder

Stress am Arbeitsplatz als Ursache für psychische Störungen und Suchterkrankungen

Christiane Stauder

Stress am Arbeitsplatz als Ursache für psychische Störungen und Suchterkrankungen

GESELLSCHAFTSWISSENSCHAFTEN

Christiane Stauder

Stress am Arbeitsplatz als Ursache für psychische Störungen und Suchterkrankungen

1. Auflage 2009 | ISBN: 978-3-86815-197-8

© IGEL Verlag GmbH , 2009. Alle Rechte vorbehalten.

Die Deutsche Bibliothek verzeichnet diesen Titel in der Deutschen
Nationalbibliografie. Bibliografische Daten sind unter http://dnb.ddb.de
verfügbar.

INHALTSVERZEICHNIS

ABKÜRZUNGSVERZEICHNIS

östr.-kanad.	österreichisch-kanadisch
A.	Abhängigkeit
AA	Anonymen Alkoholiker
AU	Arbeitsunfähigkeit
BAS	Blutalkoholspiegel
BGB	Bürgerliches Gesetzbuch
BV	Betriebsvereinbarung
DHS	Deutsche Hauptstelle gegen die Suchtfragen e. V.
DSM-IV	vierte Ausgabe des Diagnostic and Statistical Manual of Mental Disorders (Diagnostisches und Statistisches Handbuch Psychischer Störungen)
Mio.	Millionen
SGB	Sozialgesetzbuch
SKH	Suchtkrankenhelfer/innen
StGB	Strafgesetzbuch
UVV	Unfallverhütungsvorschriften
WHO	World Health Organization

ABBILDUNGSVERZEICHNIS

Seite

1 Einleitung

Der wirtschaftliche Wandel, die strukturellen Veränderungen im Beschäftigungssystem und die erhöhten Arbeitsanforderungen setzten viele Beschäftigte in der heutigen Zeit unter Druck und verursachen psychische Probleme. Nicht jeder kann dem standhalten. In diesem Zusammenhang werden Suchtmittel immer häufiger zur Bewältigung von Anforderungen und Belastungen eingesetzt.

Gegenstand dieser Untersuchung ist die Darstellung der veränderten Strukturen in der heutigen Arbeitswelt und die daraus resultierenden psychischen Störungen. Die beschriebenen unternehmerischen Folgen wie Fehlzeiten und Leistungseinbußen sollen den betrieblich notwendigen Handlungsbedarf verdeutlichen. Trotz der drastischen Zunahme von psychischen Krankheiten in Deutschland weiß man in vielen Betrieben noch sehr wenig darüber. Oft müssen zunächst die Vorurteile in den Führungsebenen abgebaut werden, um ein Umdenken einleiten zu können. Es besteht immer noch die Vorstellung, dass die psychisch erkrankten Mitarbeiter simulieren und sich vor der Arbeit drücken wollen, oft heißt es: „Der soll sich einfach mal zusammenreißen!" Der Zusammenhang zwischen den heutigen Anforderungen im Berufsleben und der Zunahme von Stress und seelischen Störungen wird verdeutlicht. Es besteht ein enger Zusammenhang von den psychischen Erkrankungen „Depression" und „Ängste" zur Alkoholerkrankung.

Schwerpunkt der Untersuchung ist die Suchterkrankung am Beispiel der Alkoholabhängigkeit und die damit verbundenen Probleme am Arbeitsplatz. Alkohol als Genussmittel stellt für viele Menschen ein Ausdruck von Lebensqualität und Geselligkeit dar. Seine anregende, stimmungssteigernde Wirkung und die Förderung der Kontakt- und Kommunikationsbereitschaft werden hierbei geschätzt. Das abendliche Glas Wein oder Bier scheint zunächst unbedenklich. Kritisch wird es allerdings, wenn sich der Alkoholgenuss zur Regelmäßigkeit entwickelt oder durch den Konsum die eigene Stimmung verbessert werden soll, was letztendlich in der Sucht enden kann.

Der Arbeitsplatz gilt als wichtiger Ort, um Suchtkranke schon in einem frühzeitigen Krankheitsstadium zu erreichen. Die Präventionen werden sowohl als vorbeugende Maßnahme wie auch als begleitende Hilfsmaßnahme aus der Krankheit heraus beschrieben. Hierbei werden verschiedene Betriebsgrößen und deren Möglichkeiten berücksichtigt. Betriebliche Voraussetzungen, welche die Führungskraft sensibilisieren und deren Handeln erleichtern sollen, sollten gegeben sein. Nicht unerhebliche rechtliche Aspekte stehen mit diesem Themenkomplex in Verbindung.

2 Wandel der Strukturen in der Arbeitswelt

Unsere Arbeitswelt ist vom Strukturwandel geprägt. Immer weniger Beschäftigte sind im produzierenden Gewerbe tätig, dafür steigen die Beschäftigungszahlen im Informations-, Medien- und Dienstleistungssektor. Dieser Wandel wirkt sich auch auf die Gestaltung von Arbeitszeiten und -organisationen sowie die Anforderungen am Arbeitsplatz aus. Oft sind psychische Belastungen wie Zeit-, Verantwortungs-, Qualitäts- und Konkurrenzdruck die Folge. Hinzu kommt eine zunehmende Informationsdichte sowie die Verdichtung der Arbeitsinhalte und –abläufe. Körperliche Belastungen durch Schwerstarbeit, Lärm usw. treten in den Hintergrund.[1] Weitere Veränderungen sind in der Zusammensetzung der Belegschaften erkennbar. Die Mitarbeiter stehen Kollegen internationaler Herkunft gegenüber. Der Anteil der akademischen Fachkräfte ist wesentlich höher als noch vor 20 Jahren. Der augenfälligste technologische Wandel der letzten Jahre fand auf dem Gebiet der Computerisierung statt. Im Bereich der Technologie stehen heute schnellere und günstigere Informations- und Kommunikationssysteme zur Verfügung. Dies ermöglicht eine weltweite Vernetzung innerhalb eines Unternehmens. Das Internet hat starke Auswirkungen auf den Wettbewerb. Die Konkurrenz ist nicht mehr nur regional sondern international vertreten.[2] Immer mehr Unternehmen wachsen zu globalen Organisationen.[3] Auch die gesellschaftlichen Trends sind nicht außer Acht zu lassen. Das Heiratsalter sowie die Scheidungsrate steigt. Die Anzahl von Single-Haushalten nimmt entsprechend zu. All diese Veränderungen sind für die Organisationen von größter Bedeutung und fordern sie zu einem Wandel ihrer Strukturen heraus. Um zwischen Konkurrenten, Zulieferern und neuen politischen Gegebenheiten überleben zu können, müssen neue Produkte oder Dienstleistungen auf den Markt gebracht werden. Der Erfolg hängt wesentlich vom Handeln der Mitarbeiter ab.[4] Diese müssen ihre Einstellungen und Verhaltensweisen den veränderten Bedingungen anpassen. Aber nicht jeder ist diesen Anpassungsprozessen gewachsen.[5]

2.1 Arbeitsunfähigkeiten und Krankheitsarten

Der Krankenstand wird von verschiedenen volkswirtschaftlichen und betrieblichen Faktoren beeinflusst. Geringe Arbeitslosigkeit sowie hohe Arbeitsbelastungen und ein schlechtes Betriebsklima führen zu einem steigenden Krankenstand, während die Angst vor Arbeitsplatzverlust, hohe

---

[1] Vgl. Arbeitsschutzverwaltung NRW, 03.10.2007
[2] Vgl. Robbins, S. 628 - 630
[3] Vgl. Bea, Dichtl, Schweitzer, S. 193
[4] Vgl. Robbins, S. 628 - 630
[5] Vgl. edb., S. 633

10

Arbeitsmotivation und gute Arbeitsbedingungen den allgemeinen Krankenstand senken.[6] Nach den Auswertungen der DAK nahmen Muskel-Skelett-Erkrankungen mit 22 % aller Krankheitstage in 2006 den Spitzenplatz ein, gefolgt von Krankheiten des Atmungssystems und Verletzungen. Bereits an vierter Stelle standen mit 10 % die psychischen Erkrankungen (siehe hierzu Anhang 1 und 2), wobei Frauen mit einem Anteil an AU-Tagen von 12,2 % und Männer mit 8,4 % (mit etwas längerer Falldauer) betroffen waren. Im Vergleich zum Vorjahr ist dieser Wert stabil geblieben. Zu den wichtigsten Arten gehörten weiterhin Erkrankungen des Verdauungs- und Kreislaufsystems, Krankheiten des Nervensystems, der Augen und Ohren sowie Infektionen.[7]

Im betrachteten Zeitraum von 1997 bis 2001 haben die Fehltage wegen Arbeitsunfähigkeit aufgrund psychischer und verhaltensgestörter Erkrankungen über 50 % zugenommen. Aufgrund ihrer Kostenintensität sah die DAK sich veranlasst, psychische Erkrankungen, Angststörungen und Depressionen in ihrem Gesundheitsreport 2005 als Schwerpunkt zu thematisieren:[8]

Bis 2004 stiegen die Erkrankungsfälle weiter bis auf 70 %. Diese Entwicklung wurde durch andere Krankenkassen bestätigt. Auffällig hierbei ist weiterhin, dass das Krankenstandniveau insgesamt weitgehend konstant geblieben ist bzw. in 2004 sogar eine rückläufige Tendenz zeigt (Anstieg seit 1997 um 5 %). Somit stiegen die psychischen Erkrankungen überproportional. Auch die Erkrankungen der Muskel-Skelett-Systeme und Symptome (Krankheiten, für die keine klinische Ursache gefunden werden konnte), die im Zusammenhang mit psychischen bzw. psychosomatischen Beschwerden auftreten können, sind um 18 % (Frau) bzw. um 10 % (Mann) gestiegen. Die Gründe für die stärkere Betroffenheit der Frau liegen in der schlechteren sozialen Situation (geringere Aus- und Weiterbildungsmöglichkeiten, Status bzw. Einkommen). Außerdem scheinen Frauen ihre Gefühle offener schildern zu können, was die ärztliche Diagnosestellung erleichtert. Die Analyse hat weiterhin gezeigt, dass die psychischen Erkrankungen bezüglich des Krankenstandes in den Altersgruppen von 35 bis 44 Jahren einen hohen Anteil aufweisen. Die Ausfalltage steigen mit dem Alter, wie in der Abbildung unter Anhang 3 ersichtlich, kontinuierlich (bis auf 183 Tage) an. Auffallend ist der überproportionale Anstieg der psychischen Erkrankungen in jüngeren Altersgruppen (seit 1997 um 100%). Abschließend soll hier noch auf die besonders betroffenen Wirtschaftsgruppen eingegangen werden. Untersuchungen haben ergeben, dass Berufe mit Mehrfachbelastungen durch psychische und physische Risikofaktoren für hohe Erkrankungszahlen verantwortlich sind. Die meisten Ausfallzahlen werden im Gesundheitswesen verzeichnet, gefolgt von der Öffentlichen Verwaltung, Organisationen und

---

[6] Vgl. DAK-Gesundheitsreport 2007, S. 14
[7] Vgl. edb., S. 28
[8] Vgl. DAK-Gesundheitsreport 2005, S. 39

Verbänden (siehe hierzu die Tabelle im Anhang 4). Dies erklärt sich teilweise durch die hohen Anforderungen an sozialer Interaktion und Kommunikation mit Menschen.[9]

2.2 Betriebliche Relevanz

Arbeitsunfähigkeiten und Krankenstände bedeuten für Betriebe eine Zunahme von Fehlzeiten, die wiederum nachhaltige Auswirkungen auf die wirtschaftliche Leistungsfähigkeit der Unternehmen hat. Entgeltfortzahlungen ohne entsprechende Arbeitsleistung und Störungen der Arbeitabläufe, die durch – oft unvorhersehbare - Abwesenheit von Mitarbeitern auftreten, führen zu erheblichen Kostensteigerungen.[10] Der Wirtschaft entstehen durch krankheitsbedingte Fehlzeiten und durch sogenanntes „Krankfeiern" jährlich Milliardenverluste. Durch das in 1969 in Kraft getretene Lohnfortzahlungsgesetzt wurde die Problematik zunächst verstärkt.[11] Seitdem ist glücklicherweise aber eine positive Entwicklung des Krankenstandes zu verzeichnen. In 2005 wurde mit einem Durchschnitt von 3,3 % der bisherige Tiefststand seit 1970 erreicht. Dies entspricht einem durchschnittlichen Krankenstand von 14,1 Kalendertagen.[12] Dem gegenüber standen in 2004 Krankheitskosten von insgesamt ca. 224,9 Mrd. Euro.[13] Aber auch für die Mitarbeiter haben die Fehlzeiten ihrer Arbeitskollegen Konsequenzen. Deren Abwesenheit bedeutet in erster Linie Mehrarbeit und eine Veränderung der gewohnten Arbeitabläufe durch Um- oder Nichtbesetzung ihrer Stammarbeitsplätze. Nicht selten entsteht durch diese Mehrbelastung ein gestörtes Betriebsklima. Darüber hinaus sinkt die Toleranzgrenze, wenn die Begründetheit der Abwesenheit angezweifelt wird. Diese Nichtakzeptanz kann dann sogar zu vermehrten Fehlzeiten durch jene betroffenen Arbeitnehmer führen. Für den Vorgesetzten bedeutet dieser Zustand einen zusätzlichen Aufwand für organisatorische Umstellungen zur Gewährleistung eines reibungslosen Arbeitsablaufes. Die damit verbundenen Kosten sollen so gering wie möglich gehalten werden.[14] Somit sollte jedes Unternehmen mit hohen krankheitsbedingten Fehlzeiten sich die Frage stellen bzw. die Ursachen ermitteln, wie diese beeinflusst und welche gesundheitspolitischen Maßnahmen zur Verminderung ergriffen werden können. Hierbei ist zu beachten, dass die Verminderung der Fehlzeiten selbstverständlich nicht zu Lasten der Wiederherstellung der Gesundheit der Mitarbeiter gehen darf.[15]

---

[9] Vgl. edb., S 43 - 52
[10] Vgl. Kador/Müller-Hagen, S. 9
[11] Vgl. Gieffers/Pohen, S. 173
[12] Vgl. Gesundheitsberichterstattung des Bundes a), 16.11.2007
[13] Vgl. Gesundheitsberichterstattung des Bundes b), 16.11.2007
[14] Vgl. Derr, S. 13
[15] Vgl. Kador/Müller-Hagen, S. 9

3 Verbreitung psychischer Störungen

Stressbelastung und seelische Störungen nehmen weltweit zu. Etwa jeder vierte scheint davon betroffen. Allein in Deutschland leiden Millionen unter Angstzuständen und Depressionen.[16] Mitarbeiter sind aufgrund gestiegener Arbeitsbelastung sowie Überstunden durch zahlreichen Stellenabbau erschöpft. Fehlentscheidungen im oberen und mittleren Management haben zugenommen. Umfragen haben ergeben, dass sich viele über Schwierigkeiten Arbeit und Familie zu vereinbaren beklagen.[17] Die Entstehung psychischer Erkrankungen kann außerdem durch permanente Unter- oder Überforderung sowie geringe Eigenverantwortung begünstigt werden.[18] Die Betroffenen fühlen sich elend, unglücklich und sind von schwer fassbaren Beschwerden beeinträchtigt, die ihre Lebensqualität und Leistungsfähigkeit beeinträchtigen. Trotz der vielfältigen Informationsmöglichkeiten ist ihr eigentliches Leiden nicht klar.[19]

3.1 Stress

Lange waren Widerstände spürbar. Mittlerweile wird zunehmend erkannt, dass zwischen arbeitsbedingtem Stress und innerbetrieblichen Spannungen, Fehlzeiten und Leistungsabfall ein Zusammenhang besteht.[20] [21]

Der Begriff „Stress" kommt ursprünglich aus dem Englischen und steht für Druck oder Anspannung.[22] Stress bezeichnet die angespannte Reaktionslage des Körpers bei der Einwirkung verschiedener äußerer Reize (Stressoren), die zur Bewältigung besonderer Anforderungen befähigen, andererseits aber auch zu körperlichen und geistigen Belastungen führen können.[23] Der östr.-kanad. Biochemiker Hans **Selye** (*26.01.1907 in Wien) gilt als „Vater der Stressforschung".[24] Bereits in den 1930er und 1940er Jahren konzentrierte er sich auf die Aufklärung der Wirkung verschiedener Reize und suchte in diesem Zusammenhang nach einem Begriff, der die Summe aller Kräfte, die gegen einen Widerstand wirken, bezeichnen sollte. Sein in 1950 veröffentlichtes Buch „Streß" führte zu einem Boom der Stressforschung und fand so seinen Einzug in die Medizin und Psychologie.[25] Selye beschreibt Stress als Belastungen, Anstrengungen und Ähnlichem,

---

[16] Vgl. Faust, S. 9
[17] Vgl. Robbins, S. 653 - 654
[18] Vgl. Psychologie Heute, 03/07, S. 40
[19] Vgl. Faust, S. 9
[20] Vgl. Wagner-Link, S. 2
[21] Vgl. Psychologie Heute, 03/07, S. 40
[22] Vgl. ebd., S. 7
[23] Vgl. Neues Hauslexikon, Band 9, S. 1841
[24] Vgl. ebd., S.1732
[25] Vgl. Aerztezeitung, 05.10.2007

denen man täglich durch zahlreiche Umwelteinflüsse gegenübersteht. Durch Anspannungen und Anpassungszwänge steht man unter seelischem und körperlichem Druck, was zu einem persönlichen Ungleichgewicht führen kann.[26]

3.1.1 Stressoren

Als Stressoren gelten alle inneren und äußeren Anforderungen, die als tatsächliche oder mögliche Gefährdung des eigenen Wohlergehens wahrgenommen werden.[27] Sie können in drei Faktorengruppen unterteilt werden.

Als Umweltfaktoren gelten ökonomische, politische oder auch technologische Unsicherheiten. Mitarbeiter einer Organisation bzw. die Gestaltung einer Organisationsstruktur nehmen durch eine unsichere Umwelt wie z. B. einen wirtschaftlichen Abschwung Einfluss und erzeugen Unsicherheit.

Viele Menschen empfinden Innovationen im Bereich der Technik (Computer und Automation) als Stress auslösende Bedrohung, da ihre Fähigkeiten und Erfahrungen kurzfristig veraltet wirken könnten.

Zu den Organisationsfaktoren gehören u. a. Aufgaben- und Rollenanforderungen sowie Organisationsstrukturen und die Organisationsführung. Die Aufgabenfaktoren umfassen die Arbeitsgestaltung und deren Bedingungen sowie die physische Umgebung. So können Großraumbüros als gut einsehbarer Ort oder Fließbänder durch ihre Laufgeschwindigkeit zu Anspannungen führen. Schichtarbeit bewirkt eine Störung des Schlaf-Wach-Rhythmus und führt zu gesundheitlichen Problemen. Als Rollenanforderungen bezeichnet man Funktionen, die mit einer bestimmten Rolle im Unternehmen verbunden sind. Hier entstehen oft Überlastungen oder Konflikte. Zu viele Regeln und Vorschriften können in einer Organisationsstruktur zu Stressauslösern werden. Nicht unerheblich ist auch der Managementstil und das Verhalten von Führungskräften. Eine unrealistische Unternehmens- oder Führungskultur ruft nicht selten Anspannungen und Angst unter den Mitarbeitern hervor, weil sie sich mit dieser nicht identifizieren können.

Die individuellen Faktoren stellen die dritte Gruppe dar. Sie umfassen familiäre und wirtschaftliche Probleme sowie die eigene Persönlichkeit. Beispiele hierfür sind Beziehungsprobleme in Ehe und Partnerschaften oder Erziehungsprobleme mit den Kindern. Stresssymptome in der Persönlichkeit werden durch die persönliche Veranlagung des Menschen begründet.[28]

---

[26] Vgl. Wagner-Link, S. 7
[27] Vgl: edb., S. 8
[28] Vgl. Robbins, S. 655 - 656

Weiterhin entscheidet die persönliche Bewertung darüber, welche Situation als Stress erlebt wird. Jeder reagiert unterschiedlich auf ähnliche Probleme.[29] Menschen mit einer geringen Stressanfälligkeit reagieren schwächer bzw. später auf Stressoren und erholen sich schneller. Bei hoher Anfälligkeit treten Stressschäden häufiger auf, die zu einer erhöhten Anfälligkeit der verschiedensten Krankheiten führen.[30]

Zur Minderung des Stresses bzw. dessen Anfälligkeit ist jeder Mensch mit unterschiedlichen **Ressourcen** ausgestattet. Ressourcen sind innere „Kraftquellen" und betreffen die persönlichen Fertigkeiten, Kenntnisse, Neigungen und Stärken, die oft gar nicht bewusst sind.

3.1.2 Stressreaktionen

Das Zusammenspiel von Stressoren und Stressreaktionen garantiert den ökonomischen Gebrauch von Körperkräften, um flexibel auf die verschiedensten Anforderungen reagieren zu können.[31] Dies tut der Mensch als ganzheitliches System, aber differenziert auf vier verschiedenen Verhaltensebenen:

Die *kognitive Ebene* beschreibt hierbei alle geistig-gedanklichen Vorgänge im Zentralnervensystem wie z. B. Ungläubigkeit, Verwirrung oder Konzentrationsmangel. Es werden Reize wahrgenommen, welche die Rezeptoren erregen sowie gedankliche Bewertungen und Gedächtnisverlagerungen auftreten lassen. Die *emotionalen Ebene* ist die Gefühlsebene aus der Angst, Wut, Hilflosigkeit oder Ärger resultieren. Sie erfolgen aufgrund von hormonellen Ausschüttungen. Auf der *vegetativen Ebene* reagiert das vegetative Nervensystem und die daran angeschlossenen Organe. Stresshormone (z. B. Adrenalin) werden ausgeschüttet, welche die Atmung und Verbrennungsvorgänge beschleunigen, den Blutdruck steigen lassen oder Schweißreaktionen herbeiführen. Auch Durchfall, Übelkeit und Erbrechen können auftreten. Die *muskuläre Ebene* beinhaltet Reaktionen der gesamten Skelettmuskulatur wie z. B. zitternde Hände, Rückenschmerzen, Stottern oder Spannungsschmerzen. Der Körper stellt sich auf Flucht oder Angriff optimal ein. Werden die Aktivierungsreaktionen frühzeitig erkannt, können sie genutzt werden, um der Belastung bereits im Anfangsstadium entgegenzuwirken. Ist der Stress allerdings überdosiert oder lang andauernd, erfolgt eine Überforderungsreaktion.[32]

---

[29] Vgl. Wagner-Link, S. 6 - 7
[30] Vgl. edb, S. 30
[31] Vgl. FH - Hannover, 03.10.2007
[32] Vgl. Wagner-Link, S. 31 - 34

3.1.3 Folgen von Stress

Etwa 70 % aller Krankheiten werden mit Stress in Verbindung ge-
bracht. Chronischer Bluthochdruck, Magen- und Darmkrankheiten oder
Suchtkrankheiten sind nur einige.[33] Auch die Folgen können wieder in drei
Kategorien eingeteilt werden. Die *physiologischen Symptome* sind eher in
medizinischen Forschungen begründet. Hier wurde festgestellt, dass Stress
Stoffwechselveränderungen sowie eine Beschleunigung von Herzschlag und
Atmung auslösen kann. Weiterhin wurde erhöhter Blutdruck, Kopfschmer-
zen und ein erhöhtes Herzinfarktrisiko festgestellt. Der Zusammenhang zwischen Stress und Symptomen ist allerdings aufgrund ihrer Komplexität und
schweren Messbarkeit nicht klar. Somit sind die *psychologischen Symptome*
weitaus interessanter. Neben psychologischen Zuständen wie z. B. in Anspannung, Angst, Reizbarkeit gilt die Arbeitsunzufriedenheit als offenkun-
digste Auswirkung. Arbeitsplätze mit vielfältigen und gegensätzlichen An-
forderung sowie unklaren Pflichten und Verantwortlichkeiten erhöhen nach-
weislich diese Unzufriedenheit. Die dritte Kategorie bilden die
verhaltensbezogenen Stresssymptome. Sie umfasst Veränderungen im
Bereich der Produktivität, Fehlzeiten und Fluktuation. Weitere Symptome
sind Nikotin- oder Alkoholkonsumverhalten, Schlafstörungen, veränderte
Essgewohnheiten etc..

Bei der Untersuchung der Beziehung zwischen Stress und dessen Auswirkung auf die Arbeitsleistung stößt man in der Literatur mehrfach auf die
umgekehrte U-Kurve.

---

[33] Vgl. FH - Hannover, 03.10.2007

Abbildung 1: Die umgekehrte U-Kurve

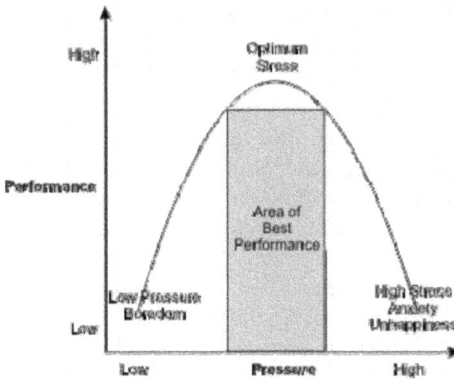

The Inverted-U relationship between pressure and performance

Quelle: Mindtools, 06.10.2007

Die Kurve versucht darzustellen, dass ein niedriges bis moderates Stressniveau die Reaktions- und Leistungsfähigkeit erhöhen kann. Die Betroffenen erfüllen ihre Anforderungen dann oft sogar besser und schneller. Wird der Druck allerdings zu hoch, führt dies wiederum zu einem Leistungsabfall. Mit diesem Modell sollen die Folgen der dauerhaften Stressbelastung oder ihrer Intensität dargestellt werden. Auch permanent niedriges Stressniveau kann die Leistung langfristig negativ beeinflussen, da auch eine niedrige Belastung auf Dauer kräftezehrend und erschöpfend wirkt. Das Modell der umgekehrten U-Kurve (Inverted U-Relationship) ist allerdings kritisch zu betrachten. Es ist zwar sehr beliebt, wird aber nicht durch empirische Untersuchungen bestätigt.[34]

3.2 Psychische Erkrankungen

Gemäß aktuellen Untersuchungen sind 50 bis 75 % aller Arztbesuche auf psychische Überlastung zurückzuführen. Als häufigste Begründung wird arbeitsbedingter Stress angegeben – Tendenz steigend.[35] Die drei folgenden psychischen Erkrankungen sollen die Problemstellung näher erläutern.

---

[34] Vgl. Robbins, S. 658 - 659
[35] Vgl. Personalführung 1/2007, S. 38

3.2.1 Depressionen

Die Depression im medizinischen Sinne ist eine behandlungsbedürftige psychiatrische Erkrankung, wobei der Erkrankte nicht in der Lage ist, sich aus eigener Kraft von der gedrückten Stimmung zu befreien. Das gesamte körperliche Empfinden und Denken sowie die Gefühle und das Verhalten des Betroffenen sind beeinflusst. Sie gilt als die häufigste psychische Störung unserer Bevölkerung.[36] Typische Symptome sind der Verlust von Interesse und Freude an normalen Aktivitäten und Vergnügungen, erhöhte Müdigkeit, Schlafstörungen oder Appetitlosigkeit verbunden mit Gewichtsverlust. Selbstwertgefühl und Selbstvertrauen sind vermindert und es kommen schnell Schuldgefühle und Gedanken der Wertlosigkeit auf. 50 % der Betroffenen leiden unter Selbstmordgedanken und 10 bis 15 % sterben durch Selbstmord. Bei den meisten Patienten verläuft die Depression in Episoden, die auch ohne therapeutische Behandlung nach ca. sechs bis acht Monaten wieder abklingen. Bei etwa 60 % der behandelten Patienten kommt es nach einiger Zeit allerdings zu erneuten Episoden, was dann als „rezidivierende (wiederkehrende) depressive Störung" bezeichnet wird. Auch werden häufig Komorbiditäten in Form von Suchtabhängigkeiten festgestellt.[37] Die Krankheit wird durch ein Zusammenspiel von verschiedenen Faktoren ausgelöst. Zunächst gilt es als bekannt, dass der Stoffwechsel im Gehirn der Erkrankten verändert ist. Auch eine genetische Erkrankungsbereitschaft scheint möglich zu sein. Daneben stehen Faktoren wie organische Veränderungen im Gehirn, psychische und psychosoziale Umstände, fehlgeleitete Lernvorgänge oder ungelöste innere Konflikte. Zur Diagnose gibt es kein Untersuchungsverfahren, das eine Depression sicher nachweisen könnte. Sie kann also nur anhand der Symptome, die in psychologischen Tests oder körperlichen Untersuchungen aufgetreten sind, gestellt werden. Wichtig ist, dass körperliche Ursachen durch Bestimmung verschiedener Blutwerte, Hirnstrommessungen oder einer Computertomografie ausgeschlossen werden. Auch andere psychische Erkrankungen sollten abgegrenzt werden.[38]

3.2.2 Ängste

Ängste sind als Anpassungs- und Lernvorgang normal und lebensnotwendig, da sie uns auf Bedrohungen und Störungen aufmerksam machen. Andererseits fordern sie uns heraus und verhelfen zu Höchstleistungen.[39] Wenn aber einem sehr heftigen Angstempfinden keine entsprechenden Gefahren oder Bedrohungen zugrunde liegen, spricht man von einer Angst-

---

[36] Vgl. Barmer Ersatzkasse, Depressionen, 09.10.2007
[37] Vgl. DAK-Gesundheitsreport 2005, S. 57
[38] Vgl. Barmer Ersatzkasse, Depressionen, 09.10.2007
[39] Vgl. Psychologie Heute, 02/07, S. 22

störung. Angststörungen gehören wie auch die Depressionen zu den häufigsten psychischen Erkrankungen. Sie sind meist miteinander verbunden.[40] In Deutschland leben fast 9 % der Bevölkerung mit schwerwiegenden Angststörungen, wobei die neuen Bundesländer mit 16 % doppelt so stark konfrontiert sind wie die westlichen (7 %).[41] Der Betroffene ist hier normalerweise nicht in der Lage, seine Ängste alleine zu bewältigen bzw. sie auszuhalten. Meist sind sie mit einer erheblichen Einschränkung der Lebensqualität verbunden, weil der Erkrankte bestimmte Plätze bzw. Situationen meidet oder im schlimmsten Fall seine Wohnung nicht mehr verlässt. Die Ursachen von Angststörungen können sehr komplexe seelische Konflikte sein, die sich von Patient zu Patient erheblich unterscheiden.[42] Die häufigsten Auslöser unserer Zeit sind Trennungen, der Wegfall von Sicherheit gebenden Personen und Situationen.[43] Die Symptome sind psychischer sowie körperlicher Natur und für den Betroffenen nur schwer zu erkennen. Dieser wirkt dann nervös, ruhelos, reizbar oder auch aggressiv. Er ist leicht durcheinander zu bringen und schreckhaft. Konzentrationsstörungen und Vergesslichkeit werden auffällig. Hinzu kommen Resignation, Verzweiflung bis hin zur Rührseligkeit. Im Vordergrund des Beschwerdebildes stehen aber meist körperliche Symptome. Diese müssen i. d. R. erst gezielt erfragt werden, weil sie in einem Gesamt-Beschwerdebild aufgehen und der Patient sich lange über die Details nicht sicher ist. Sie äußern sich durch dumpfen Kopfdruck, verminderte Speichelsekretion oder Hautblässe. Der Betroffene neigt zur ständigen Erötung, die Pupillen erweitern sich, die Augen sind angstvoll aufgerissen. Weitere Anzeichen können Herzbeschwerden jeglicher Art sein, nicht selten auch Appetitlosigkeit oder Anfälle von Heißhunger etc. Auch die Ursachen können körperlich oder seelisch bedingt sein. So können eine Überfunktion der Schilddrüse, Unterzuckerung oder Beeinträchtigungen des Zentralen Nervensystems Angststörungen hervorrufen. Seelische Gründe können Persönlichkeits- und Anpassungsstörungen oder die schizophrene Psychose sein. Suchtkrankheiten rufen fast immer Angststörungen hervor sowohl während des Missbrauchs als auch im Entzug.[44] Angststörungen können klassifiziert werden in phobische Störungen (Agoraphobie, soziale oder spezifische isolierte Phobie) und andere Angststörungen (Panikstörungen, generalisierte Angststörungen, andere gemischte Störungen).[45]

---

[40] Vgl. DAK-Gesundheitsreport 2005, S. 53
[41] Vgl. Faust, S. 16
[42] Vgl. Medizin-Netz, 10.10.2007
[43] Vgl. Psychologie Heute, 02/07, S. 24
[44] Vgl. Faust, S. 18 - 23
[45] Vgl. DAK-Gesundheitsreport 2005, S. 56

3.2.3 Burn Out

Burn Out (engl.: to burn out = ausbrennen) gilt bislang noch nicht als Diagnose sondern als ein beklagenswerter Zustand mit verhängnisvollen Konsequenzen für den Betroffenen und sein Umfeld (Partnerschaft, Familie, Freundeskreis, etc.). Obwohl immer mehr Menschen davon betroffen sind, findet Burn Out nur zögerlich Eingang in die Wissenschaft. Ursprünglich verstand man unter diesem Begriff die negativen Folgen der beruflichen Aus- oder Überlastung mit gemütsmäßiger Erschöpfung, innerer Distanzierung bis hin zum Leistungsabfall.[46] Ein weiterer Grund für den Arbeitgeber, sich mit Burn Out auseinander zu setzten ist in den Kosten begründet. Neben einer verringerten Produktivität kommt es nicht selten zu Frühpensionierungen und Umschulungen.[47] Inzwischen stellen sich Beschwerden und Leidensbild schon wesentlich komplexer dar. Die bisherigen Studien gelten eher als mangelhaft. So findet man die meisten Veröffentlichungen im Bereich der „helfenden und sozialen" Berufe, dessen Angehörige am häufigsten betroffen scheinen. Hohe Arbeitsbelastung, schlechte Arbeitsbedingungen oder Zeitdruck führen zu Burn Out. Weitere Faktoren können ein schlechtes Betriebsklima sowie Nacht- und Schichtarbeit sein.[48] Am Anfang des Prozesses besteht ein Überengagement zur Zielerreichung. Warnsymptome können hier freiwillige unbezahlte Mehrarbeit oder das Gefühl der Unentbehrlichkeit sein. Es folgt ein reduziertes Engagement gekennzeichnet durch Symptome wie Fehlzeiten oder eine negative Einstellung zur Arbeit. Der Betroffene zeigt dann emotionale Reaktionen wie Humorlosigkeit, Selbstmitleid, Intoleranz oder Misstrauen. Leistungsfähigkeit, Motivation und Kreativität nehmen ab. Dies zeigt sich durch ungenaues Arbeiten, verringerte Initiative und Flexibilität oder auch Widerstände gegen Veränderungen aller Art. Das emotionale, soziale und geistige Leben verflacht. Im weiteren Verlauf zeigen sich psychosomatische Reaktionen wie Herz- und Magen-Darm-Probleme, erhöhter Konsum von Alkohol/Kaffee/Tabak/anderen Drogen, Schlafstörungen oder die Unfähigkeit zur Entspannung in der Freizeit. Letztendlich empfindet der Betroffene eine Verzweiflung. Anzeichen hierfür können Hoffnungslosigkeit, existentielle Verzweiflung und sogar Selbstmordabsichten sein.[49] Sämtliche Symptome orientieren sich an den Grenzen der betreffenden Person. Diese orientieren sich jeweils an deren seelischen, geistigen, körperlichen oder psychosozialen Fähigkeiten, was somit für Dritte vielsagend und wenig aussagekräftig ist. Weiterhin problematisch ist, dass Menschen sich schon länger ausgebrannt dahinschleppen, ohne sich mit den Ursachen realistisch auseinander zu setzen.[50]

---

[46] Vgl. Faust, S. 117
[47] Vgl. Burisch, S. 6
[48] Vgl. Faust, S. 120 - 121
[49] Bgl. Burisch, S. 18 - 19
[50] Vgl. Faust, S. 124

4 Süchte

Die Einnahme von Suchtmitteln ist oft ein Versuch, mangelndes Selbstwertgefühl, Unsicherheit oder innere Lehre zu kompensieren.[51] Gekennzeichnet ist die Abhängigkeit meist durch den starken Wunsch oder ein unwiderstehliches Verlangen, Substanzen oder Medikamente, Alkohol oder Tabak zu konsumieren. Mit Hilfe des Suchtmittels erhofft sich der Betroffene seine persönlichen Schranken zu überwinden. Bei der Abhängigkeit im engeren Sinne hat der Konsum der Substanz oder Substanzklasse für die jeweilige Person einen höheren Stellenwert als alle anderen Verhaltensweisen, die früher einmal wichtig für ihn waren.

Es wird unterschieden zwischen psychischer und körperlicher Abhängigkeit. Bei der *psychischen* A. besteht ein starker Wunsch oder Zwang zur Einnahme eines Suchtmittels. Die *körperliche* A. stellt sich schneller ein. Der Betroffene hat entweder bereits die Erfahrung eines Entzugssyndroms gemacht oder die Einnahme erfolgt in der Erwartung, Entzugssymptome zu mildern. Die Dosen werden zunehmend höher, um die ursprüngliche Wirkung hervorzurufen, bis hin zu gesundheitsschädigenden Mengen. Im Laufe der Zeit verändert sich das Verhaltensmuster im Umgang mit der jeweiligen Substanz. Andere Interessen werden zugunsten des Konsums vernachlässigt.

Menschen bringen für eine Suchterkrankung eine bestimmte Veranlagung mit. Sie wirken unausgeglichen in ihren Einstellungen, in ihrem Verhalten und Denken sowie in der Beziehung zu anderen Menschen. Sie sind misstrauisch, nachtragend bei Kränkungen und reagieren übertrieben empfindsam auf Zurückweisungen. Freude können sie nur schwer empfinden. Soziale Normen werden meist missachtet. Verantwortung weisen sie von sich. Andererseits besteht ein großes Verlangen nach Zuneigung und „Akzeptiertwerden", nach Gewissheit, Sicherheit und Geborgenheit. Die Wirkung der Einnahme von Entspannungsmitteln in Form von Medikamenten, Alkohol und anderen Rauschmitteln vermittelt dieses Gefühl der Wärme und hilft zumindest vorübergehend in der subjektiven Wahrnehmung. [52] Außerdem haben medizinische Untersuchungen zu der Annahme geführt, dass z. B. Alkohol die Verarbeitung und Überwindung von negativen Stress-Auswirkungen erleichtert. Es ist davon auszugehen, dass die Forschung sich auch zukünftig mit der Frage beschäftigt, wie Stress den Gebrauch von Suchtmitteln beeinflusst.[53]

---

[51] Vgl. Ladewig, S. 36
[52] Vgl. edb., S. 30 - 35
[53] Vgl. edb, S. 44

Laut Aussage der Weltgesundheitsorganisation „World Health Organization" (WHO) hatten 2001 weltweit ca. 290 Mio. Menschen Suchtprobleme.[54] Als Suchtmittel gelten Nikotin, Opiate, Kokain, Cannabis, Halluzinogene etc., auf die hier nicht näher eingegangen wird. Auch Sonderformen wie Bulimie, Koffein-, Fett- oder Tätigkeitssüchte (Spielsucht) werden nicht behandelt.[55] Die zweithäufigste Suchtsubstanz nach dem Konsum von Tabak ist in Deutschland der Alkohol. Alkoholabhängige stellen die größte Patientengruppe in den psychiatrischen Bezirks- und Landeskrankenhäusern dar. Ca. 42.000 Personen sterben jährlich an den Folgen des Missbrauchs.[56]

4.1 Alkoholismus – Definition und Fakten

Der Begriff Alkoholismus wurde von dem schwedischen Arzt Magnus Huss 1852 geprägt, gilt aber als unscharf definiert. Mitte der siebziger Jahre des 20. Jahrhunderts wurde eine Unterscheidung in Alkoholmissbrauch und Alkolabhängigkeit getroffen, die auch in die Klassifikationssysteme der Krankheiten eingegangen ist. Von Missbrauch ist auszugehen, wenn der Alkoholkonsum zu körperlichen und psychischen Folgeschäden führt. Die Kennzeichen für die Abhängigkeit gelten analog dem vorherigen Kapitel.

Heute wird unter Alkoholismus nur noch die Alkoholabhängigkeit verstanden.[57] Seit 1968 gilt er aufgrund seiner individuellen süchtigen Verhaltensmuster mit dem Verlust der Selbstkontrolle und der Verlaufsprogression in Deutschland im Sinne der Reichsversicherungsverordnung als anerkannte Krankheit. Somit besteht seitens der Krankenkassen und Sozialversicherungen die Leistungspflicht für die Abhängigkeit und die Folgeerkrankungen. Auch wenn die Erkrankung durch das Verhalten des einzelnen bedingt ist, wird sie nicht vorsätzlich erworben. Die Alkoholabhängigkeit unterscheidet sich also nicht von anderen Krankheiten wie z. B. Diabetes oder Herzinfarkt.[58] Auch das Bundesarbeitsgericht hat in seinem Urteil vom 01.06.1986 – 5h AZR 536/80 – festgestellt, dass Alkoholabhängigkeit eine Krankheit im Sinne § 1, Abs. 2 des Lohnfortzahlungsgesetzes (neu: Entgeltfortzahlungsgesetz) ist.[59] Das Abhängigkeitspotential ist vergleichbar mit dem mancher Beruhigungs- und Schlafmittel, aber nicht so stark wie das von Rauschdrogen wie Kokain und anderen Aufputschmitteln. Entscheidend ist die psychische Abhängigkeit.[60] Die Frage auf die vertretbare Menge oder Gefahren des Alkohols kann nur schwer beantwortet

---

[54] Vgl. WHO – Weltgesundheitsorganisation, 20.10.2007
[55] Vgl. Ladewig, S. 59 - 62
[56] Vgl. WHO – Weltgesundheitsorganisation, 20.10.2007
[57] Vgl. Feuerlein, S. 15
[58] Vgl. DHS a), S. 9
[59] Vgl. Lenfers, S. 130
[60] Vgl. Feuerlein, S. 24

werden, da die Grenzen zwischen Konsum, Missbrauch und Abhängigkeit fließend sind. Deutschland steht in der Rangfolge der EU-Staaten und ausgewählter Länder hinsichtlich des Pro-Kopf-Konsums von reinem Alkohol mit 10,2 Litern pro Jahr in 2003 auf Platz fünf. Die Angabe bezieht sich auf die gesamte bundesrepublikanische Bevölkerung. Bei einer Eingrenzung auf die Altersgruppen der 15 bis 70-Jährigen ist mit einem Konsum von ca. 14 Litern (etwa 40 Gramm reiner Alkohol) zu rechnen. Wenn der Konsum gegenüber der soziokulturellen Norm erhöht ist oder zu unpassenden Gelegenheiten (z. B. am Arbeitsplatz oder im Straßenverkehr) erfolgt, ist von einem Alkoholmissbrauch auszugehen. Auch der tägliche Konsum oder gezieltes Trinken zum Abbau von Spannungen, Ängsten und Frustrationen sprechen für einen Missbrauch.[61] Die Konsumintensität wird mit einer Einnahme von 20 – 60 g als riskant, von 40 –120 g als gefährlich und mit 80 – 120 g als Hochkonsum bezeichnet. In Deutschland tranken in den letzten 12 Monaten hochgerechnet auf die Wohnbevölkerung (= 47,3 Mio. 18 – 59-Jährige) insgesamt 17,8 % (8,5 Mio. Menschen) im Mittel mehr als 20 - 30 g Reinalkohol pro Tag. Insgesamt erhalten nach einer Repräsentativerhebung in 2000 3,1% der 18- bis 59-Jährigen in Deutschland die Diagnose Alkoholabhängigkeit nach DSM-IV (vierte Ausgabe des Diagnostic and Statistical Manual of Mental Disorders). Aktuell geht man von jährlich 73.714 Todesfällen durch Alkoholkonsum aus. Die volkswirtschaftlichen Kosten für alkoholbezogene Krankheiten werden auf jährlich ca. 20,2 Mrd. Euro geschätzt.[62]

4.1.1 Typologien des Alkoholismus

Der US-Amerikanische Physiologe Elvin Morton **Jellinek** (*15.08.1890 in New-York) war einer der ersten Forscher, der den Krankheitscharakter des Alkoholismus erkannte. Er hat 1960 die bislang bekannteste Typologie aufgestellt:

- Der *Alpha-Trinker* trinkt aus psychologischen Gründen (Konflikttrinker). Er versucht mit Alkohol seine Probleme zu lösen. Es besteht eine fortschreitende Abhängigkeit bei noch kontrolliertem Konsum.
- Der *Beta-Trinker* trinkt aus sozialen Gründen (Gelegenheits-Trinker) ohne eine eingetretene Abhängigkeit. Es kommt zu Folgekrankheiten wie z. B. Leberschäden oder Magenleiden.
- Der *Gamma-Trinker* trinkt aus einem inneren Zwang. Es besteht eine seelische und körperliche Abhängigkeit ohne Kontrolle über den Alkoholkonsum.

---

[61] Vgl. DHS b), S. 10
[62] Vgl. DHS, 27.10.2007

- Der *Delta-Trinker* trinkt regelmäßig relativ große Mengen, meist ohne Berauschung (Gewohnheitstrinker). Er kann den Konsum lange unter Kontrolle halten. Er ist zwar körperlich aber nicht seelisch abhängig.
- Der *Epsilon-Trinker* betreibt tagelanges exzessives Trinken mit anschließenden längeren Pausen (Episodischer Trinker). Das Trinkverhalten ist völlig unkontrolliert.[63] [64]

Weitere Typologien wurden in den letzten Jahrzehnten entwickelt, die aber noch als umstritten gelten. Hierzu gehört **Babor** (1992), der in zwei Typen unterscheidet:

- *Typ A* beginnt im Alter von ca. 30 Jahren. Es bestehen wenige Risikofaktoren in der Kindheit, wenige Folgeschäden und psychopathologische Störungen.
- *Typ B* beginnt schon sehr früh, weist Risikofaktoren in der Familie und Kindheit auf. Folgeschäden und zusätzlicher Drogenkonsum treten häufiger auf.

Die Typologie nach **Cloninger** (1987) unterscheidet nach einer genetischen Veranlagung des Abhängigen:

- Typ 1 hat eine unauffällige Persönlichkeit und entwickelt relativ spät eine psychische Abhängigkeit. Das Hauptziel des Trinkens liegt in der Vermeidung von Angstgefühlen. Dieser Typ entspricht den meisten Alkoholikern.
- Typ 2 weist ein genetisch bedingtes Trinkverhalten auf. Der Alkoholismus ist familiär geprägt. Die Probleme beginnen schon in jungen Jahren und werden meist vom Konsum weiterer Rauschdrogen begleitet.[65] [66]

4.1.2 Einschränkung von Fähigkeiten

Alkohol wirkt sich auf die körperliche und seelische Verfassung des Konsumenten aus, die zum Risiko am Arbeitsplatz und im Verkehr werden können.

Die Aufmerksamkeit ist eine der ersten Alkoholwirkungen und steht im Vordergrund der Leistungsschädigung. Sie lässt nach, was u. a. zu einer verlängerten Reaktionszeit führen kann.[67] Auch Konzentration, Kritik- und Urteilsfähigkeit sind beeinträchtigt. Bereits bei einer Alkoholmenge ab 0,2 ‰

---

[63] Vgl. Feuerlein, S. 76
[64] Vgl. Beratung und Therapie Online, Suchterkrankungen, 04.10.2007
[65] Vgl. Feuerlein, S. 76 - 77
[66] Vgl. Feser, S. 38
[67] Vgl. Fuchs, Rainer und Rummel, S. 33

besteht eine leichte Verminderung der Sehleistung und Verschlechterung der Wahrnehmungsfähigkeit für bewegliche Lichtquellen. Ab 0,5 ‰ ist das Hörvermögen bereits herabgesetzt. Die Hemmschwelle sinkt und die Reizbarkeit steigt an. Die Reaktionszeit wird immer länger. Ab 0,8 ‰ besteht bereits eine ausgeprägte Konzentrationsschwäche. Die Sehfähigkeit reduziert sich um ca. 25 %, das räumliche Sehen ist stark beeinträchtigt.[68] Das Unfallrisiko erhöht sich um ein 4,5-faches.[69] Die Enthemmung nimmt weiter zu. Ab 1,1 ‰ bestehen massive Aufmerksamkeits- und Konzentrationseinbußen sowie eine maßlose Selbstüberschätzung durch die gesteigerte Enthemmung. Ab 2,4 ‰ kommt es zu ausgeprägten Gleichgewichts- und Koordinationsstörungen. Der Betroffene hat Bewusstseinsstörungen, Gedächtnislücken setzen ein. Ein Reaktionsvermögen ist kaum noch vorhanden.[70]

4.1.3 Mögliche Auffälligkeiten im Arbeitsalltag

Beschäftigte mit Alkoholproblemen können Auffälligkeiten in ihrem äußeren Erscheinungsbild sowie in den Bereichen Arbeits- und Sozialverhalten zeigen.

Veränderungen im *äußeren Erscheinungsbild* machen sich bemerkbar durch vernachlässigte Kleidung und Körperpflege oder das Gegenteil ist (z. B. bei weiblichen Kollegen durch übermäßige Schminke) zu erkennen. Das Gesicht ist aufgedunsen und/oder gerötet. Die Augen wirken glasig, die Hände zittern. Häufig sind Schweißausbrüche und ständiges Lüften zu bemerken. Der Betroffene spricht langsamer und verwässert. Sehr offensichtlich ist die bereits am Morgen vorhandene Alkoholfahne. Diese versucht die Problemperson mit reichlich Rasierwasser, Raumdüften, Mundsprays oder Bonbons zu kaschieren.

Im Bereich des *Arbeitsverhaltens* drücken sich Auffälligkeiten beispielsweise durch häufige Fehltage aus, die als Kurzerkrankungen ohne ärztliches Attest und meistens durch Dritte entschuldigt werden. Es kommt zu unentschuldigtem Fehlen, das nachträglich als Urlaubstag beantragt wird. Der Mitarbeiter entfernt sich auch während der Arbeit vom Arbeitsplatz und ist oft „irgendwie" unterwegs oder überzieht die Pausen. In seinem Zuständigkeitsbereich entstehen oder wachsen Arbeitsrückstände und die Arbeitsergebnisse sind fehlerhaft. Unzuverlässigkeiten häufen sich, Termine werden versäumt. Der Betroffene wirkt vor allem vor Arbeitspausen und Arbeitsende fahrig, unkonzentriert und nervös.[71]

---

[68] Vgl. DHS b), S. 40
[69] Vgl. edg, S. 11
[70] Vgl. edg, S. 41
[71] Vgl. edg, S. 13

Mögliche Auffälligkeiten im *Sozialverhalten* könnte der Rückzug der Problemperson oder das Vermeiden von Kontakten zu anderen sein. Das Gegenteil trifft genauso zu. Kontakte werden zu allen gepflegt. Der Mitarbeiter lässt keine Gelegenheit zur Unterhaltung aus und ist auf jeder Feierlichkeit zu sehen. Auffällig kann oft auch ein aggressives Verhalten sein, einerseits ohne nachvollziehbaren Grund andererseits bei Kritikäußerung. Die Person kann zwischen sachbezogener und persönlicher Kritik nicht mehr unterscheiden und bezieht zunehmend alles auf sich. Eigene Fehler werden abgewehrt und geleugnet. Man sollte auch hellhörig werden, wenn man von dem Kollegen oder Kollegin um finanzielle Unterstützung gebeten wird, weil dessen Geld immer knapper wird. Im Laufe der gesamten Wesensveränderung des Betroffenen tritt mehr und mehr ein negatives Denken für alle Lebensbereiche auf verbunden mit einer eingeschränkten Haltung zu allgemein gesellschaftspolitischen Fragestellungen.

Alle genannten Auffälligkeiten sind unspezifisch. Die Anzeichen müssen auch nicht auf Alkoholprobleme schließen lassen oder alle gleichzeitig auftreten. Meist fehlt sogar das eindeutigste Merkmal – die Fahne, was ein Handeln erschwert.[72]

4.2 Ursachen

Es gibt viele Theorien aber keine abschließende Antwort auf die Frage, warum manche Menschen alkoholabhängig werden und andere nicht. Es ist davon auszugehen, dass mehrere Faktoren bei der Entstehung dieser Krankheit eine Rolle spielen. Dazu gehören individuelle Faktoren, das soziale Umfeld oder die spezifische Wirkung und Verfügbarkeit von Alkohol. [73] [74] Eine spezielle Suchtstruktur, die zwangsweise in die Abhängigkeit führt, gibt es nach Untersuchungen der Persönlichkeit der Betroffenen nicht. Es besteht allerdings eine besondere Gefährdung bei Personen, die eine spezielle Erwartungshaltung hinsichtlich der Alkoholwirkung haben. Weiterhin wurde beobachtet, dass das Trinken für Menschen mit Angststörungen ein Selbstheilungsversuch zu sein scheint. Depressionen hingegen sind eher die Folge von exzessivem Trinken als deren Ursache. Für genetisch bedingte Ursachen gibt es zwar in neueren Studien Hinweise, diese werden abschließend nur zu 50 % bestätigt. Die anderen 50 % gehen auf negative Lebensereignisse zurück.[75]

---

[72] Vgl. edg, S. 14
[73] Vgl. Barmer Ersatzkasse, Alkoholabhängigkeit, 02.11.2007
[74] Vgl. DHS a), S. 30
[75] Vgl. edg, S. 32 - 33

4.2.1 Aus psychoanalytischer Sicht

Alkoholerkrankungen werden aus psychoanalytischer Sicht grundsätzlich zurückgeführt auf: neurotische Konflikte, Ich-Funktionsdefizite und strukturelle Mängel oder Autoaggressionen.

Hintergrund *neurotischer Konflikte* ist oftmals eine ungelebte ödipale Liebe (zu starke Bindung eines Kindes zum gegengeschlechtlichen Elternteil[76]) und die nicht bewusst zugelassene Identifikation mit einem alkoholabhängigen Elternteil. Hier ist die chronische Alkoholabhängigkeit aber eher selten.

Auch von Bedeutung bei der Entstehung von Suchterkrankungen ist die *Autoaggression*. Es handelt sich hierbei um Patienten mit einer Lebensgeschichte voll von Traumatisierungen und Unglücken bis weit in die Kindheit. Dies können eine Kette von Unfällen und Krankheiten sein, oft wird auch vom Tod wichtiger Bezugspersonen (Eltern) oder schlimmsten familiären Exzessen berichtet. Die Erlebnisse führen zu einem Mangel an Urvertrauen, die sich zu einer Störung des Selbsterhaltungstriebes und des Lebenswillens entwickeln. Die moderne psychoanalytische Terminologie spricht auch von Störungen auf Borderline-Niveau (emotionale Instabilität).

Von wesentlicher Bedeutung für die Entstehung von Alkoholkrankheiten ist eine *Ich-schwache Persönlichkeit* bzw. *Ich-Funktionsdefizite*. Durch mangelnde Bestätigung und Förderung aber auch übermäßiges Verwöhnen in der Kindheit konnte sich die Persönlichkeit (das „Ich") des Betroffenen zur Auseinandersetzung mit der äußeren und inneren Realität bereits im Kindesalter nie richtig entwickeln. Das emotional gestörte Erleben führt zu einer geringen Frustrationstoleranz und Fähigkeit zur Realitätsprüfung. Dieses schwach entwickelte „Ich" kann dann von Gefühlen bedroht werden, die durch die Einnahme des Suchtmittels kompensiert werden sollen. Der Alkohol dient als „heilender Ausgleich" in Situationen, in denen sich der Betroffene bedroht fühlt, wobei er sowohl dämpfend als auch schützend wirkt. Der Schutz richtet sich gegen bedrohliche Affektzustände wie Angst, Wut oder Hilflosigkeit aber auch gegen Hoffnungslosigkeit. Aufgrund des fehlenden Selbstwertgefühles des Abhängigen fühlt dieser sich beim Umgang mit den eigenen Emotionen hilflos ausgeliefert überfordert. Das Suchtmittel dient dann als Werkzeug, den Wunsch nach Stabilisierung, Regulation und Schutz zu erfüllen und ein Wohlbefinden wieder herzustellen oder aufrechtzuerhalten. Problematisch ist hier, dass der Alkohol die Probleme nicht löst sondern übermäßiges Trinken die bereits bestehenden Minderwertigkeitsgefühle weiter vergrößert und Probleme verschärft. Der Betroffene befindet sich in einem Teufelskreis, in dem die Bewältigung seiner Gefühle und Beziehungen immer schwieriger bzw. unmöglich werden.[77]

---

[76] Vgl. Duden, Das Fremdwörterbuch, S. 689
[77] Vgl. Beratung und Therapie Online, 04.10.2007

4.2.2 Aus Sicht des Arbeitsumfeldes

In der Arbeitsumwelt steht übermäßiger Alkoholgenuss oft im Zusammenhang mit besonderen Arbeitbedingungen, mit bestimmten Tätigkeiten (Außendienstmitarbeiter, Seeleute, Verkaufsleiter, Wirte), mit gewissen Organisationsformen oder allgemein mit besonders belastenden, stressverursachenden Arbeitssituationen.

Beispiele für *ökologisch, technische und natürliche Arbeitsumweltfaktoren* können rasch wechselnde Schicht-, Nacht- und Wochenendarbeit oder ständiger Termindruck sein. Besondere Arbeitsbedingungen wie Schwerarbeit, andauernde Schadstoffexpositionen (z. B. Staub, Dämpfe, gefährliche Stoffe) oder andauernde Kälte-/Hitzeexpositionen regen zum Trinken an. Terror, Gewalt oder Katastrophen rufen akute und schwere Stressexpositionen hervor.

Zu den *sozialen Arbeitsumweltfaktoren* gehören ein schlechtes Betriebsklima, Konflikte oder Konkurrenz in Arbeitsgruppen, Identifikations- und Rollenkonflikte oder die Vereinsamung am Arbeitsplatz. Auch ein entsprechendes Vorgesetztenverhalten (co-alkoholische Verhaltensweisen, Initiative versus Rücksichtnahme) oder traditionelle und betriebs-/berufsspezifische Trinksitten können gesundheitsschädigende und Abhängigkeit fördernde Faktoren sein.

Auch die *Risikofaktoren in der Person der Beschäftigten* sind zu berücksichtigen. Zu geringe oder sehr hohe Arbeitsanforderungen oder das fortdauernde Erleben von Monotonie und Langeweile wirken sich belastend aus. Unzufriedenheit mit der beruflichen Tätigkeit, mangelnde Anerkennung und altersbedingte Ängste (z. B. Leistungsversagen, mangelnde Sicherung des Arbeitsplatzes) werden nicht selten zur Bedrohung.

Bei allen genannten Faktoren ist zu beachten, dass neben den objektiven Risikofaktoren deren subjektive Verarbeitung eines jeden einzelnen eine erhebliche Rolle spielt. Je nach Biographie, aktueller Lebenssituation, sozialen und persönlichen Ressourcen entwickelt sich der Alkoholmissbrauch als riskantes Bewältigungsverhalten auf die Gesundheit des Einzelnen. Das persönliche Abhängigkeitsrisiko des Betroffenen steigt um so mehr an, je weniger er über diese Ressourcen verfügt oder berufliche Belastungen abwehren kann.[78]

---

[78] Vgl. Feser, S. 38

4.3 Verlauf und Folgen

Einer Suchterkrankung gehen zunächst lange Phasen von Missbrauch voraus. Die Gefahr besteht darin, dass sich über die Gewöhnung eine Sucht entwickeln kann. Der durchschnittliche Prozess bis zum fortgesetzten Missbrauch dauert 10 bis 15 Jahre je nach Biographie, aktueller Lebenssituation, Alter oder individuellem Missbrauchverhalten. Am Anfang der Gewöhnung steht immer ein Problem. Es folgt die Einnahme der Suchtsubstanz, womit das Anliegen zunächst gelöst zu sein scheint. Die grundlegende Lösung der Angelegenheit bleibt allerdings aus und es kommt zu zusätzlichen Problemen.[79]

Abbildung 2: Drogenkreislaufmodell nach Glaeske & Feser

Problem, (z. B. Schulstress, Beziehungskrach)

Beruhigungsmittel als "Seelentröster"

Zusätzliches Problem (z.B. körperliche Entzugserscheinungen, Enttäuschungen über sich selbst)

(Grafik nach Glaeske & Feser)

Quelle: LVBG Landesverband Bayern und Sachsen der gewerblichen Berufsgenossenschaften

4.3.1 Alkohol und Gehirn

Die Entwicklung zur Alkoholsucht ist in der Regel durch einen unmerklichen Übergang von kontrolliertem zu unkontrolliertem Konsum gekennzeichnet. Voraussetzung hierfür ist die chronische Einwirkung von Alkohol auf das Gehirn. Es folgt eine Euphorisierung bzw. Enthemmung durch die Ausschüttung von Dopamin (Glückshormon). Schüchterne Menschen werden selbstbewusster, überarbeitete Berufstätige fühlen sich gelöster. In gleichem Umfang lassen aber auch Reaktions- und Konzentrationsfähigkeiten nach, was bei verstärktem Alkoholkonsum schließlich gar nicht mehr

---

[79] Vgl. adg, S. 34

wahrgenommen wird. Dieser Zustand des Ungleichgewichtes betrifft im Gehirn eine Region, die den Namen „Belohnungszentrum" trägt. Hier werden vermehrt körpereigene Endorphine ausgeschüttet, die ein euphorisches Gefühl vermitteln (der Betroffene fühlt sich „belohnt"). Die Gefahr der Abhängigkeit ist eingeleitet. Bei chronischem Trinken gewöhnt sich das Belohnungszentrum an das künstliche Glücksgefühl, woraus dann ein Normalgefühl wird. Im Gegenzug verwandelt sich das Gefühl ohne Alkoholeinfluss zu einem Stimmungstief. Es besteht eine Abhängigkeit. Fällt der Alkohol dann ganz weg, rebellieren Gehirn und Körper und der Entzug äußert sich.[80]

4.3.2 Verlaufsphasen der Alkoholabhängigkeit nach Jellinek

Jellinek beschreibt den Verlauf der Alkoholsucht in vier verschieden Phasen:

- Präalkoholische Phase
- Prodromalphase
- Kritische Phase
- Chronische Phase

Sein Phasenmodell wird in empirischen Studien meist bestätigt.[81]

Abbildung 3: Phasenmodell der Alkoholabhängigkeit nach Jellinek

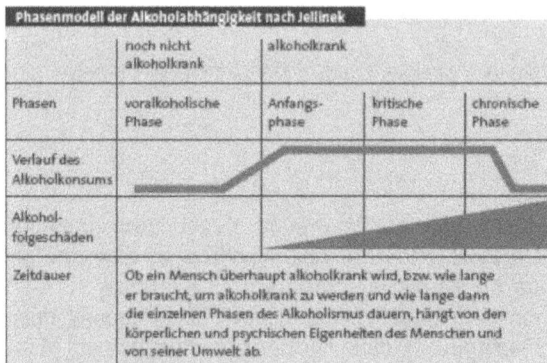

Quelle: DHS, a) Alkoholabhängigkeit, 2003

---

[80] Vgl. DHS a), S. 36
[81] Vgl. adg, S. 37

Die *Vorphase oder Präalkoholische Phase* kann wenige Monate bis zwei Jahre andauern.[82] Der Betroffene empfindet eine befriedigende Erleichterung im Trinken.[83] Der Konsum führt zu Spannungsabbau und zur Beseitigung von Angst- und Minderwertigkeitsgefühlen. Er schreibt die Erleichterung eher der Situation (z. B. lustige Gesellschaft, Feste, etc...) als dem Trinken zu und sucht daher Gelegenheiten, in denen beiläufig getrunken wird. Nach etwa ein bis zwei Jahren braucht der Trinker eine größere Alkoholmenge zur Erreichung des gewünschten euphorischen Zustandes. Die Toleranzgrenze erhöht sich, was zu diesem Zeitpunkt noch keinem (auch dem Betroffenen) verdächtig erscheint.[84]

Die *Anfangs- oder Prodomalphase* dauert 6 Monate bis 5 Jahre an. Erste Kennzeichen sind Erinnerungslücken in Phasen des Nichttrinkens oder bei geringem Alkoholkonsum, die sich zunehmend steigern. Der Betroffene denkt nun ständig an Alkohol und trinkt die ersten Mengen gierig wegen der erhofften Wirkung. Die Phase ist geprägt von typischen Verhaltenweisen zur Sicherung des Nachschubs (Anlegen von Vorräten). Er merkt, dass sein Verhalten von der Norm abweicht und entwickelt Schuldgefühle.[85] Auch das Umfeld wird nun aufmerksam. Der Trinker versucht seinen Konsum zu verheimlichen, weil er nicht negativ auffallen möchte.[86]

In der *Kritischen Phase* setzt der Kontrollverlust ein. Es entsteht ein unwiderstehliches Verlangen nach mehr Alkohol, sobald eine kleine Menge getrunken wurde. Dieses Verlangen hält an, bis die Person müde ist und einschläft oder krankheitsbedingt keine weitere Aufnahme zugelassen wird. Der Betroffene beginnt nun, sein Trinkverhalten zu erklären, was sein Weitertrinken rechtfertigen soll. Dies erfolgt nach und nach systematisch auf allen Ebenen seines Lebens und soll als Widerstand gegen zusätzlich entstehende soziale Belastungen dienen (Eltern, Partner, Arbeitgeber beginnen zu tadeln). Durch die Vernachlässigung der Ernährung verstärkt sich die schädliche Wirkung des Alkohols auf den Organismus. Der Trinkstil verändert sich. Es wird bereits morgens getrunken, um die Selbstzweifel und den Selbstwertverlust bewältigen zu können.[87]

In der *Chronischen Phase* dient das frühmorgendliche Trinken dem Vermeiden der körperlichen Entzugserscheinungen.[88] Die alles beherrschende Rolle des Alkohols bricht jeden Widerstand des Betroffenen. Er ist nun schon tagsüber und mitten in der Woche schwer betrunken. Die sozialen Kontakte ändern sich dahingehend, dass der Süchtige nun mit Personen weit unter seinem Niveau trinkt. Zu diesem Zeitpunkt kommt es

---

[82] Vgl. Feuerlein, S. 77
[83] Vgl. DHS a), S. 38
[84] Vgl. Beratung und Therapie Online, 04.10.2007
[85] Vgl. Feuerlein, S. 77
[86] Vgl. Beratung und Therapie Online, 04.10.2007
[87] Vgl. Feuerlein, S. 78
[88] Vgl. DHS a), S. 38

zum Verlust der Alkoholtoleranz (d. h. er verträgt weniger). Auch das „Erklärungssystem" versagt, weil die Erklärungen bis dato zu häufig von der Wirklichkeit entkräftet wurden. Der Trinker muss sich seine eigene Niederlage eingestehen. Aufgrund dieser Selbsterkenntnis kommt es nicht selten zu seelischen Zusammenbrüchen schwerster Art, die eine fachliche Behandlung dringend notwendig machen.[89], [90]

Auch *Rückfälle* gehören oft zum Verlauf des Alkoholismus oder zu einem therapeutischen Prozess. Sie treten bei 50 % aller stationär behandelten Alkoholiker in einem Zeitraum von vier Jahren mindestens einmal auf. Hierunter versteht man einen Konsum, der die körperlich schädigende Menge Alkohol des Betroffenen wesentlich überschreitet. Gründe hierfür könnten Persönlichkeitseigenschaften, Lebensstil, Wertesystem und der daraus resultierende Stress des Erkrankten sein. Auch momentane Situationen wie Enttäuschungen, Verführungen durch andere und Stimmungen (Depressivität und Einsamkeit) spielen eine Rolle.[91] Viele Medikamente, Lebensmittel und angeblich alkoholfreie Getränke haben einen geringen Alkoholgehalt, da dieser lt. Lebensmittel-Kennzeichengesetz erst ab 1,2 % angegeben werden muss. Bereits kleine Mengen Alkohol können den heftigen Wunsch zu erneutem Trinken auslösen.[92] [93] Oftmals fehlen dann ausreichende Fähigkeiten zur Bewältigung solcher Situationen (coping skills). Der Rückfall kann dann als Abstinenzverletzungseffekt erlebt werden und führt meist zu vermehrten Schuldgefühlen. Letztendlich kommt es zu einer völligen Entgleisung des Alkoholkonsums.[94]

4.3.3 Medizinische Folgeschäden

Die Zahl der körperlichen Erkrankungen, die auf Alkoholmissbrauch zurückvermuten lassen, ist im Laufe der letzten Jahrzehnte erheblich angestiegen. Es gibt kaum ein Organsystem, das mit dem Missbrauch nicht in Verbindung gebracht werden könnte. Dies bedeutet andererseits aber auch, dass die meisten sogenannten Alkoholfolgeschäden andere Ursachen haben könnten. Hinzu kommt die unterschiedliche individuelle Verträglichkeit des Alkohols und die Empfindlichkeit der einzelnen Organsysteme.[95] Im folgenden werden nur einige alkoholbedingte Krankheiten aufgrund ihrer Häufigkeit näher beschrieben:

---

[89] Vgl. Feuerlein, S. 78
[90] Vgl. Beratung und Therapie Online, 04.10.2007
[91] Vgl. Feuerlein, S. 79
[92] Vgl. A-Connect e. V., 10.11.2007
[93] Vgl. DHS a), S. 39 - 40
[94] Vgl. Feuerlein, S. 79
[95] Vgl. Feuerlein, S. 46

Genaue Zahlen bezüglich Alkoholvergiftungen (Alkoholrausch) sind schwer erhältlich, im allgemeinen geht man aber von 20 % aller Aufnahmen auf Entgiftungsstationen aus. Alkohol wirkt bereits in kleinen Mengen stark giftig. Maßgebend für die individuelle Ausprägung sind neben dem Blutalkoholspiegel (BAS) andere Faktoren wie die körperliche Konstitution, die Persönlichkeitsstruktur sowie die aktuelle körperliche und psychische Verfassung. Schwere Rauschzustände führen zu Bewusstseinsstörungen und Orientierungsverlust bis hin zu lebensbedrohlichen Atem- und Kreislaufstörungen.

Alkoholbedingte Lebererkrankungen reichen von der Fettleber über verschiedene Formen der Leberentzündung (Hepatitis) bis hin zur Leberzirrhose (Untergang der Leberzellen und deren Ersatz durch ein Stützgewebe). Die Beschwerden äußern sich anfänglich durch Appetitlosigkeit, Müdigkeit und Völlegefühl,[96] selten auch durch Schmerzen in der Lebergegend. Bei fortgesetztem Alkoholmissbrauch besteht zu 50 % die Gefahr zum Übergang in eine Alkoholhepatitis oder Leberzirrhose. Es kommt zu Übelkeit und Erbrechen, Gelbsucht, Fieber, Bauchwasser und/oder Nierenversagen. Die „Zirrhose" führt zu einer verminderten Entgiftungsleistung der Leber. Man schätzt hier über 150.000 alkoholbedingte Erkrankungen in Deutschland. Typisch ist ein schleichender Beginn. Symptome hierfür sind Abgeschlagenheit und erhöhte Blutungsneigung.[97]

Die Erkrankung des Herzmuskels ist zwar eher selten aber die wichtigste Alkoholfolgekrankheit des Herzens. Sie führt zu einer Erweiterung des Herzens. Die Folge ist eine ungenügende Herzleistung. Die klinischen Symptome werden vom Betroffenen meist sehr spät bemerkt. Weitere Herzerkrankungen sind Rhythmusstörungen und Bluthochdruck.[98]

Weiterhin kann akuter und chronischer Alkoholkonsum die Schleimhaut der Verdauungswege schädigen. Hiervon sind besonders die Mundhöhle, Speiseröhre und der Magen betroffen. Hochkonzentrierte alkoholische Getränke können bereits eine direkte Schädigung hervorrufen. Indirekte Schäden treten durch Sekretion von z. B. Säuren oder Hormonen bei der Aufnahme und Verdauung des Alkohols auf. Der chronische Konsum kann dann bis zu Krebserkrankungen in Mund- und Rachenraum sowie der Speiseröhre führen. Die Muskulatur der unteren Speiseröhre verschlechtert sich, was zu einem Rückfluss (Reflux) von Sekret aus dem Magen in die Speiseröhre führt. Nicht selten kommt es zu Magenschleimhautentzündungen (Gastritis). Auch bei einer chronischen Schleimhautschädigung des

---

[96] Vgl. adg, S. 49
[97] Vgl. DHS a), S. 65 - 66
[98] Vgl. Feuerlein, S. 52

Dünndarms vermutet man den chronischen Alkoholmissbrauch als Mitursache.[99] Anzeichen hierfür sind Oberbauchschmerzen, Übelkeit, Erbrechen und Durchfall. Zahlreiche Nährstoffe werden im Dünndarm nicht mehr aufgenommen.[100]

4.3.4 Psychosoziale Folgen

Im Vergleich zu anderen Suchtsubstanzen (z. B. Tabak) treten die gesundheitlichen Schäden im Verlauf einer Alkohohlkarriere anfänglich noch gar nicht auf. Auffällig sind zunächst die negativen sozialen Auswirkungen.[101] Alkoholbedingte Störungen sind oft mit einer erhöhten Gewaltbereitschaft und eingeschränkter Verkehrstüchtigkeit verbunden. Gefühle der Niedergeschlagenheit und Erregbarkeit machen sich breit, die zu Selbstmordversuchen und vollendeten Suiziden führen können, worauf hier allerdings nicht weiter eingegangen wird.[102]

Die Auswirkungen auf die Familie hängen von der Grundpersönlichkeit des Betroffenen, der Struktur und Toleranzbereitschaft der Familie und der Phase des Alkoholismus ab. Auch wenn die Tatsachen nicht mehr zu übersehen sind, reagieren die Angehörigen oft sehr lange zwiespältig. Sie üben Kritik, versuchen aber weiterhin nach außen das Fehlverhalten zu decken. Die Familie wird so (meist unbeabsichtigt und unreflektiert) zum „Co-Alkoholiker" (wird später näher definiert), was den Alkoholismus aber eher aufrecht erhält und weiter verstärkt. Im weiteren Verlauf ist der Erkrankte nicht mehr in der Lage, seine bisherigen Rollenfunktionen wahrzunehmen. Es folgt eine emotionale Abwendung der Familie, was nicht selten mit einer Ehescheidung endet. Oftmals entsteht hieraus der bereits angeführte Teufelskreis, der zum endgültigen Verfall an den Alkoholismus führen kann.[103]

Die berufliche Leistung und wirtschaftliche Situation wird durch Alkoholmissbrauch in vielerlei Hinsicht negativ beeinflusst. Hierbei spielen auch Art und Differenziertheit der Tätigkeit und das Verhalten der Umgebung, der Vorgesetzten und Kollegen eine Rolle. Bei Alkoholikern mit hoher Toleranz ist die Arbeitsleistung bei geringem BAS oft besser als bei völliger Nüchternheit. Bei chronischem Missbrauch wird die Leistung allerdings beeinträchtigt. Es sind häufige Fehlzeiten und Spannungen zwischen Mitarbeitern und Vorgesetzten zu verzeichnen. Der Alkoholiker ist meist

---

[99] Vgl. adg, S. 50 - 51
[100] Vgl. DHS a), S. 63
[101] Vgl. Feuerlein, S. 63
[102] Vgl. DHS a), S. 52
[103] Vgl. Feuerlein, S. 63 - 64

unberechenbar und gereizt. Es kommt zu Reduzierungen des Arbeitstempos, Verzögerungen in der Produktion, Qualitätsmängeln, vermehrtem Materialverschleiß und einer größeren Unfallhäufigkeit. Besonders zu beachten sind Personen in leitenden Funktionen, da in diesen Fällen der Verlust der Vertrauensbindung und der Autorität besonders schwer wiegt. Ist die soziale Desintegration erst einmal eingetreten, wird eine Wiederherstellung auf einer neuen Ebene schwieriger als bei weniger differenzierten Positionen. (Auf diese Problematik wird im folgenden Kapitel näher eingegangen.) Häufig endet der berufliche Abstieg in der Arbeitslosigkeit, was umgekehrt wiederum den Alkoholismus bzw. die Rückfallquote verstärken kann. [104]

4.4 Risikogruppe Führungskraft

Ob Führungskräfte tatsächlich eine Risikogruppe darstellen, die zahlenmäßig stärker von Alkoholproblemen betroffen sind als andere Beschäftigte, ist empirisch abschließend nicht geklärt. Beispiele kennen aber viele aus eigener beruflicher Erfahrung.[105] Nicht jede Führungskraft, die öfters ein Glas zu viel trinkt, ist suchtgefährdet. Trotzdem gelten Männer und Frauen in den oberen Etagen unter Experten als besondere Risikogruppe.[106] Gekennzeichnet durch quantitative und qualitative Überforderung, hohe Verantwortung für Menschen und Sachwerte und übermäßigen individuellen Leistungsansprüchen sind sie oftmals besonderen Stressoren ausgesetzt. Als zusätzliche Belastung wird das Fehlen von sozialer Unterstützung gewertet.[107] Aus Angst vor Arbeitsplatzverlust und Schamgefühl den Kollegen gegenüber wird die Krankheit normalerweise verheimlicht. In ihren Einzelbüros haben die Betroffenen jahrelang die Möglichkeit, unerkannt zu bleiben und sind daher länger im Teufelskreis der Alkoholsucht gefangen. Eine Schätzung über die Anzahl von süchtigen Führungskräften ist sehr schwierig. Ärzte gehen bei 10 von 100 Personen in leitender Funktion von einem riskanten Alkoholgebrauch aus. Sie gelten nicht als süchtig, schaden aber ihrer Gesundheit. Meist beginnt die Trunksucht, weil es beim Mittagessen, Meeting, Empfang oder zu einem Geschäftsabschluss „dazugehört". Im nächsten Schritt trinkt die Person, weil sie ohne konstanten Alkoholpegel nicht mehr arbeiten kann. Die Beschaffung der Substanz gestaltet sich einfach, da Führungskräfte ihre Mahlzeiten oft in Restaurants einnehmen. Mit steigender Abhängigkeit wird der Tagesablauf um die Trinkgelegenheiten herum organisiert. Bei längeren Sitzungen wird man z. B. wegen eines wichtigen Telefonates herausgerufen etc.. Natürlich wissen die Sekretärin und andere untergebene Mitarbeiter Bescheid, trauen sich aber nicht das

---

[104] Vgl. Feuerlein, S. 65
[105] Vgl. Fuchs, Rainer und Rummel, S. 101 - 102
[106] Vgl. Manager-Magazin, 31.10.2007
[107] Vgl. Fuchs, Rainer und Rummel, S. 104 - 105

Problem anzusprechen. Nicht selten wird die Schwäche des Abhängigen für die eigene Karriere genutzt. Auch Vorgesetzte schweigen lange, weil die Problemperson aufgrund ihrer besonderen Fähigkeiten (Präsentationsfähigkeit, Sprachtalente, überdurchschnittlicher Einsatz an Wochenenden und Feiertagen) „gebraucht" wird. Gerade am Beispiel der Führungskräfte bzw. Mitarbeiter in gehobenen Positionen wird ersichtlich, dass zu starke Belastungen krank machen können.[108] Aber auch in Bezug auf die Managementleistung erweisen sich die Auswirkungen von Alkoholmissbrauch aus betrieblicher Sicht als besonders folgenschwer. Je nach Position können Fehlleistungen und Fehlentscheidungen der Führungskraft weitreichende Folgen haben und das Unternehmen materiell erheblich schädigen. Weiterhin prägen Vorgesetzte als Vorbild im Bereich der Trinksitten und Trinkstile die betriebliche Kultur stark mit und schließen somit die Ausstrahlung auf den gesamten personellen Verantwortungsbereich ein.[109]

4.5 Volkswirtschaftliche Kosten

Die Einnahmen aus alkoholbezogenen Steuern lagen in 2005 bei insgesamt 3,38 Mrd. Euro.[110] Die volkswirtschaftlichen Kosten aufgrund des Alkoholismus setzen sich aus verschiedenen Positionen zusammen. Die genaue Bezifferung gestaltet sich teilweise sehr schwierig, da Verluste durch Arbeitsausfall, Minderproduktion, Schäden an Betriebsanlagen, Unfälle, vorzeitige Berentung und Kriminalität nur annähernd bestimmt werden können.[111] Aktuelle Schätzungen für Kosten aus alkoholbedingten Krankheiten liegen bei ca. 20,6 Mrd. Euro pro Jahr. Ein abhängiger Mitarbeiter fehlt ca. 40 – 60 % seiner Arbeitszeit und bringt nur 75 % der üblichen Arbeitsleistung.[112] Aufgrund von statistischen Untersuchungen durch Arbeitsschutzexperten und Betriebsärzte wurde festgestellt, dass Trinker rund 2,6 mal mehr fehlen als Abstinenzler. 25 % aller Betriebsunfälle sind auf den Einfluss von Alkohol zurückzuführen. Die Dunkelziffer ist hier erheblich.[113] 1974 wurden in Deutschland die Kosten eines mit 45 Jahren vorzeitig pensionierten Suchtkranken berechnet, welche der Gesellschaft entstehen: Unter Berücksichtigung der durchschnittlichen Rentenleistung und einer verkürzten Lebenserwartung waren dies zu diesem Zeitpunkt bereits ca. EUR 200.000,00. Die Behandlungskosten von Alkoholikern sind dazu vergleichsweise niedrig.[114] Einer der wichtigsten Kostenverursacher sind die

---

[108] Vgl. Manager-Magazin, 31.10.2007
[109] Vgl. Fuchs, Rainer und Rummel, S. 108
[110] Vgl. DHS, 27.10.2007
[111] Vgl. Feuerlein, S. 69
[112] Vgl. Hessische Landesstelle für Suchtfragen e. V., 01.10.2007
[113] Vgl. Das Parlament, 15.11.2007
[114] Vgl. Feuerlein, S. 69

Alkoholunfälle im Straßenverkehr. Gemäß Statistischem Bundesamt in Wiesbaden gab es 2003 insgesamt 24.233 Unfälle mit 31.222 Personenschäden, die sich einer Untersuchung im Krankenhaus unterziehen mussten. Eine Tabelle ist zur näheren Erläuterung im Anhang unter Anhang 5 einzusehen. Die Unfallzahl ist zwar in den vergangenen fünf Jahren insgesamt gesunken, zeigt aber einen gefährlichen Trend bei den Jugendlichen. In der Altersgruppe der 21 – bis 24-Jährigen wahren 73,8 % aller Straßenverkehrsunfälle auf Alkohol zurückzuführen. Eine große Gefahr sieht man hier in der Einführung der Alkopops, die aufgrund ihres Zuckergehaltes und der oft enthaltenen Kohlensäure die Alkoholaufnahme im Blut beschleunigen.[115] Bedeutende Aspekte des riskanten Alkoholkonsums wie etwa Kosten durch Delinquenz (Kriminalität, Verkehr) oder der Verlust an Lebensqualität, so genannte intangible Kosten auf Seiten der Betroffenen, Angehörigen und der gesamten Gesellschaft bleiben bei der Betrachtung unberücksichtigt.[116]

---

[115] Vgl. Das Parlament, 15.11.2007
[116] Vgl. Psychosoziale Gesundheit, 15.11.2007

5 Präventionen - Maßnahmen

In der Bundesrepublik Deutschland beschäftigt man sich seit ca. 30 Jahren mit betrieblichen Suchtpräventionen. 1978 wurden bei der jährlichen Fachkonferenz der Deutschen Hauptstelle gegen die Suchtfragen e. V. (DHS) erstmals die Bereiche Arbeitssicherheit, betriebliche Konsummuster, Kosten, Chancen für betriebliche Interventionen durch Werksärzte, Sozial- oder Suchtberater und Führungskräfte sowie rechtliche Rahmenbedingungen thematisiert. [117] Etwa zur gleichen Zeit kam das Schweizer Institut für Suchtfragen aufgrund einer statistischen Untersuchung zu dem Schluss, dass Arbeitgeber einen alkoholbedingten Mehraufwand von ca. 1.500,00 Euro pro betroffenem Mitarbeiter und Jahr haben. Dies veranlasste auch deutsche Firmen stärker auf Präventionen und Aufklärung zu setzten.[118]

Als Präventionen bezeichnet man vorbeugende Maßnahmen, die spezifische Risikofaktoren für bestimmte Krankheiten (hier Alkoholmissbrauch) verringern sollen. Weiterhin sollen Rahmenfaktoren beeinflusst werden, welche die Anfälligkeiten gegenüber den Krankheiten verringern. Hierbei kann sowohl auf das Verhalten von Individuen und Gruppen (Verhaltensprävention) als auch auf Veränderungen der Umwelt/Arbeitswelt (Verhältnisprävention) Bezug genommen werden.[119] Übergreifendes Ziel ist es, die mit dem Alkoholkonsum verbundenen Probleme wie Leistungsminderung, Arbeitspflichtverletzungen, Fehlzeiten, Unfälle oder Reibungsverluste durch innerbetriebliche Auseinandersetzungen anzugehen und zu lösen.[120] Neben der Problematik des Alkoholmissbrauchs darf auch die Wirkung eines verhältnismäßig geringen Konsums nicht unterschätzt werden. Bereits hier entstehen Beeinträchtigungen der Feinmotorik und Konzentrationsfähigkeit, die den Bedarf der „Punktnüchternheit" (Null Promille) am Arbeitsplatz erklären könnten.[121] Nicht unbedeutend ist die Tatsache, dass die Erkrankung der Alkoholabhängigkeit anfänglich schleichend ist. Rechtzeitige und vorbeugende Maßnahmen werden von den Krankenkassen unterstützt und ersparen künftige Ausgaben.[122] Der Betroffene wiederum legt großen Wert auf den Erhalt seines Arbeitsplatzes. Somit besteht ein beiderseitiges Interesse, Maßnahmen gegen Alkoholmissbrauch und Alkoholkrankheiten sinnvoll und effektiv zu gestalten.[123] Darüber hinaus möchte man sozialen und persönlichen Schäden vorbeugen und vorzeitige Todesfälle verhindern.[124]

---

[117] Vgl. Fuchs, Rainer und Rummel, S. 13
[118] Vgl. Das Parlament, 15.11.2007
[119] Vgl. DHS d), S. 70
[120] Vgl. Fuchs, Rainer und Rummel, S. 14
[121] Vgl. DHS d), S. 65
[122] Vgl. Feser, S. 30
[123] Vgl. DHS b), S. 13
[124] Vgl. DHS c), S. 6

5.1 Maßnahmen durch das Unternehmen

In Deutschland sind mittlerweile über 1.000 Betriebe, Behörden und Verwaltungen bekannt, die Suchtpräventionsprogramme eingerichtet haben.[125] Ein Unternehmen gilt aufgrund der gravierenden Folgen als wichtiger Ort um betriebsspezifische Maßnahmen einzuführen.[126] Weiterhin kann festgestellt werden, dass Betroffenen am ehesten geholfen wird, wenn sie noch beruflich integriert sind. Nirgendwo sonst im gesamten Gesundheitssystem können Suchtkranke so gut erreicht werden wie am Arbeitsplatz.[127] Als Zielgruppe der präventiven Maßnahmen gelten alle Mitarbeiter des Unternehmens, die Führungskräfte, Betriebs-/Personalräte sowie Fachkräfte für Arbeits- und Gesundheitsschutz. Ziel der Maßnahmen sollte die Sensibilisierung aller Mitarbeiter bezüglich des Alkoholeinflusses auf Leistungsfähigkeit, Arbeitssicherheit und Arbeitsunfähigkeit sein. Die Führungskräfte sind weiterhin hinsichtlich ihrer Führungsverantwortung zu sensibilisieren. Die betrieblichen Entscheider sind dahingehend zu motivieren, Kontakte zu betriebsinternen und externen Fachkompetenzen im Sinne eines Netzwerkes aufzubauen und zur Problemlösung heranzuziehen. Betroffene Personen mit auffälligem Konsumverhalten sollten **frühzeitig** aufgeklärt werden, um eine Änderungsbereitschaft zu fördern. Als abschließendes Ziel gilt der Aufbau einer Betriebskultur von „Null Promille am Arbeitsplatz".[128] Zur Erreichung der Ziele stehen eine Anzahl von Konzepten und Möglichkeiten zur Verfügung, die in drei Gruppen aufgeteilt werden können:

- Zu den *stoffbezogenen Maßnahmen* gehören z. B. die entsprechende Gestaltung von Kantinenangeboten und Getränkeautomaten oder das Anbieten von kostenlosen nichtalkoholischen Getränken.
- *Arbeitsbezogene Maßnahmen* sind z. B. die soziale Unterstützung der Mitarbeiter, Verringerung monotoner Arbeiten oder die Analyse von trinkfördernden Arbeitsbedingungen etc..
- Die dritte Gruppe bilden die *kommunikativen Maßnahmen*. Hierzu gehören Aufklärungsaktionen der Beschäftigten über Ziele und Inhalte von Suchtpräventionen, Informationen und Schulungen durch betriebliche Funktionsträger.

Um suchtmittelauffälligen Mitarbeitern frühzeitig und somit erfolgreich helfen zu können, empfiehlt es sich, sämtliche Maßnahmen in einer Betriebs- oder Dienstvereinbarung festzuhalten.[129]

---

[125] Vgl. Gscheidle, 17.11.2007
[126] Vgl. DHS d), S. 62
[127] Vgl. Gscheidle, 17.11.2007
[128] Vgl. DHS d), S. 65 - 66
[129] Vgl. Gscheidle, 17.11.2007

5.1.1 Betriebsvereinbarungen

Für die meisten Vorgesetzten bestehen Unsicherheiten und Schwierigkeiten bei der Umsetzung ihrer betrieblichen Pflichten. Eine entsprechende Betriebsvereinbarung (BV) kann hier hilfreich sein.[130] Eine BV ist für alle Beteiligten im Unternehmen ein verbindliches Regelwerk. Sie beschreibt die genaue Vorgehensweise bei alkoholbedingtem Fehlverhalten. Weiterhin wird der Arbeitgeber verpflichtet, in den Bereichen Vorbeugung, Hilfen und Nachsorge entsprechende Maßnahmen zu entwickeln.[131] Die gesetzliche Grundlage bietet das Betriebsverfassungsgesetz von 1972.[132] Auf die wichtigsten Paragraphen wird in einem späteren Kapitel noch einmal eingegangen. Ziel einer BV ist es, günstige Voraussetzungen für den Betrieb (Abbau von alkoholförderlichen Arbeitsbedingungen, geringere Fehlzeiten, Qualitätssteigerung, Kostensenkung, Leistungssteigerung) und die Mitarbeiter (Hilfe bei Alkoholerkrankung, Schutz der Gesundheit, Suchtprävention, Verbesserung des Arbeitsklimas) auf allen Hierarchiestufen zu schaffen. Die konkreten Regelungen und Formulierungen richten sich nach dem ermittelten Bedarf und den betrieblichen Bedingungen.[133] Zunächst ist das Ziel zu bestimmen, welches man mit der BV erreichen will. Gemäß Untersuchungen der Hans Böckler Stiftung ist bei den betrachteten Betrieben als Hauptanliegen „Helfen statt kündigen" formuliert. Auch die Vermeidung von Alkoholmissbrauch, Aufklärung über Alkoholkonsum und –krankheit oder die Regelung der Wiedereingliederung und Nachsorge sind bei den meisten BVs wichtige Zielformulierungen.[134] Weiterer Regelungsinhalt ist oftmals die Aussprache eines „relativen" oder „absoluten" Suchtmittelverbotes. Bei einem relativen Verbot darf die Leistungsfähigkeit des Betroffenen nicht eingeschränkt sein während bei einem absoluten Verbot kein Restalkoholbestand im Körper vorhanden sein darf. Dies ist bei Tätigkeiten mit gefährlichen Anlagen, Maschinen und Werkzeugen förderlich.[135] Eine BV sollte auch den Umgang mit suchtmittelgefährdeten und/oder –abhängigen Mitarbeitern beinhalten. Der Vorgesetzte ist beispielsweise bei Vermutung der Gefährdung zur Ansprache der betroffenen Person verpflichtet um anschließend gemeinsam Lösungsmöglichkeiten zu eruieren. Viele Unternehmen sehen in einer klaren und unnachgiebigen Haltung eine Chance für den Abhängigen, den Ausstieg aus der Sucht zu finden. Hier kann ein Stufenplan hilfreich sein, der nur einen sehr geringen Spielraum für Fehlleistungen und –handlungen lässt.[136]

---

[130] Vgl. Hans Böckler Stiftung, S. 15
[131] Vgl. Gscheidle, Alfred, 21.11.2007
[132] Vgl. Lenfers, S. 183
[133] Vgl. Hans Böckler Stiftung, S. 16 - 17
[134] Vgl. edg, S. 18
[135] Vgl. edg, S. 28 - 29
[136] Vgl. edg, S. 38 - 40

5.1.2 Stufenplan

Der Stufenplan bzw. die Interventionskette bildet das Kernstück fast aller Betriebsvereinbarungen. Diese spezielle Maßnahme soll den Suchtmittelabhängigen dazu bewegen Hilfe anzunehmen. Der Betroffene wird durch den engen Spielraum in eine Situation gebracht, in der er entweder Pflichtverletzungen unterlässt oder arbeitsrechtliche Maßnahmen wie z. B. eine Abmahnung oder die Kündigung hinnehmen muss.[137]

Sobald eine Vernachlässigung arbeitsvertraglicher oder der Verdacht auf Verstoß gegen dienstrechtliche Pflichten vorliegt, setzt der direkte Personalverantwortliche die Gesprächskette in Gang.

- Einstieg in den Stufenplan bildet das *erste Gespräch* unter „Vier Augen". Hier werden die konkreten Fakten, Zeit und Ort festgehalten sowie Besorgnis ausgedrückt. Der Vorgesetzte hat auf den Stufenplan mit seinen weiteren Konsequenzen hinzuweisen. Innerbetriebliche und externe Hilfeangebote sind zu benennen. Abschließend wird ein Rückmeldegespräch vereinbart, um dem Mitarbeiter eine Frist zur positiven Verhaltensänderung zu ermöglichen.

- Das *zweite Gespräch* sollte nach weiteren sechs bis acht Wochen erfolgen. Sind keine Verhaltensänderungen festzustellen, wird ein Personalvertreter hinzugezogen. Soweit die Möglichkeiten besteht, kann mit Zustimmung des Betroffenen die Gesprächsrunde durch eine in der Suchthilfe tätige Person erweitert werden. Die Zusammenhänge zu Suchtmittelgebrauch oder süchtigem Verhalten werden erneut aufgezeigt. Es erfolgt die Aufforderung eine Beratung in Anspruch zu nehmen. Bei positiver Verhaltensänderung oder Aufnahme einer Therapie entstehen keine personellen Konsequenzen.

- Wird allerdings innerhalb der nächsten 3 Monate keine Verhaltensänderung sichtbar, ist im *dritten Gespräch* die Personalabteilung hinzuzuziehen. Der Mitarbeiter wird erneut aufgefordert, eine Beratungsstelle aufzusuchen und den Nachweis über ein stattgefundenes Beratungsgespräch zu erbringen. Bekennt sich der Betroffene zu seiner Alkoholerkrankung, wird er zu einer Therapiebehandlung aufgefordert. Die betriebliche Unterstützung sollte zugesichert werden. Ist allerdings keine Einsicht erkennbar, besteht die Vorraussetzung für eine Abmahnung aus verhaltensbedingten Gründen. Als personelle Konsequenz sollte diese in schriftlicher Form erteilt werden.

- Kommt es erneut zu alkoholbedingten Verletzungen oder nimmt der Beschäftigte die angebotene Hilfe nicht in Anspruch, erfolgt nach Ablauf von ca. drei weiteren Monaten das *vierte Gespräch*. Der Betroffene wird wieder mit den Fakten konfrontiert und nochmals darauf

---

[137] Vgl. Hans Böckler Stiftung, S. 40

hingewiesen, dass der Betrieb sein Fehlverhalten und seine Minderleistung nicht weiter hinnimmt. Es erfolgt zusätzlich der ausdrückliche Hinweis, dass ohne Therapie eine krankheitsbedingte Kündigung erfolgen kann. Zeigt der Mitarbeiter keine Einsicht, geht ihm die zweite Abmahnung zu. Darüber hinaus kann es zur Änderungskündigung oder Umsetzung kommen.

- Werden die angebotenen Hilfen nicht angenommen und ist auch sonst keine Besserung zu erwarten, kommt es zum *fünften* und letzten *Gespräch* des Stufenplans. Das Unternehmen spricht im Rahmen der gesetzlichen Bestimmungen die Kündigung aus.[138]

Gesteht der Mitarbeiter im Verlauf des Stufenplans gegenüber dem Arbeitgeber seine Alkoholerkrankung ein, sind sämtliche arbeitsrechtlichen Maßnahmen gegen ihn unwirksam. Vor einer Kündigung ist er trotzdem nicht geschützt. Diese ist natürlich nicht mehr aus verhaltensbedingten Gründen möglich. Das Unternehmen kann aber noch personenbedingt kündigen, wenn sich die Persönlichkeit des Betroffenen aufgrund des Alkoholkonsums so verändert hat, dass er für seine Tätigkeit nicht mehr einsetzbar ist. Das prinzipielle Verfahren aller Stufenpläne ist die Zuspitzung auf die genannten Alternativen. Unterschiede sind lediglich in den einzelnen Details festzustellen (z. B. Fristen zwischen den Stufen, Rolle des betriebsärztlichen Dienstes oder Ausführlichkeit der Darstellung).[139]

5.1.3 Nebenamtliche betriebliche Suchtkrankenhilfe

Hauptamtliche Suchtberater können sich nur Großbetriebe leisten und werden erst bei Betriebsgrößen ab 2000 Mitarbeitern empfohlen.[140] Deshalb sind in vielen Unternehmen nebenamtliche Suchtkrankenhelfer/innen (SKH) ein wichtiger Bestandteil der betrieblichen Suchtpräventionsprogramme geworden. Sie stellen eine bewährte Ergänzung zu den bestehenden betrieblichen Beratungs- und außerbetrieblichen Behandlungsangeboten dar.[141] Pioniere der SKH waren die trockenen Alkoholiker. In einigen Betrieben zeigte sich, dass gerade diese Mitarbeiter alkoholauffällige Kollegen mit Gesprächs- und Hilfeangeboten erreichen konnten, wo Vorgesetzte und Personalleiter erfolglos blieben. Aufgrund ihrer persönlichen Erfahrungen und Kontakten zu Selbsthilfegruppen besaßen sie ein gutes Gefühl, was dem Betroffenen helfen könnte. Das Tätigkeitsfeld eines SKH ist sehr vielschichtig und richtet sich nach dessen Einsatzbereitschaft sowie den aktuelle Gegebenheiten im Betrieb. Hierzu gehört alkoholkranken Kollegen hilfreiche

---

[138] Vgl. DHS b), S. 25 - 29
[139] Vgl. Hans Böckler Stiftung, S. 41 - 42
[140] Vgl. Feser, S. 85
[141] Vgl. Prosa, 25.11.2007

Gespräche anzubieten und sie auf dem Weg in die Trockenheit zu unterstützen. Manche SKH leiten Arbeitskreise, führen Schulungen durch oder erstellen Aufklärungsmaterialien. Die Aufgaben reichen bis zu „anwaltlichen" Tätigkeiten oder Vertretungen im Rahmen disziplinarischer Auseinandersetzungen. Die Motivation zu seiner Nebentätigkeit erhält der SKH aus unterschiedlichen Bedürfnissen. Viele wollen sich selbst weiterentwickeln, andere erhoffen sich ein Sprungbrett zu einer hauptamtlichen Tätigkeit in der betrieblichen Suchtkrankenhilfe. Die größte Gruppe der SKH bilden jedoch weiterhin die „trockenen Alkoholiker" und deren Angehörige. Sie versprechen sich oft Hilfe für eine ihnen nahe stehende Person. Eine dritte Gruppe bilden sozial engagierte Mitarbeiter, die von einer fürsorglichen Haltung geprägt sind und häufig ihre berufliche Situation als wenig zufriedenstellend empfinden.[142] Voraussetzung für den wirksamen Einsatz eines SKH ist die Bereitschaft der Entscheidungsträger, entsprechende Verbindungslinien zwischen Arbeitgeber- und Arbeitnehmerseite zuzulassen. Hierbei müssen die Rollen aller Beteiligten klar abgegrenzt sein. Während der Personalverantwortliche eine Entscheidungssituation schafft, hilft der SKH bei der Entscheidungsfindung. Letztendlich übernimmt der kranke Mitarbeiter die Verantwortung für seine Entscheidung. Trotz dieser separaten Rollen sollen Vorgesetzter und SKH im Interesse des Betroffenen durch einen guten allgemeinen Kontakt, durch Präsenz, Aufklärung und Gesprächsbereitschaft kooperieren. Dazu muss die Führungskraft von der Kompetenz des SKH überzeugt sein. Auch die Regelung einer Schweigepflicht der SKH muss durch den Arbeitgeber erfolgen, da diese nicht aufgrund einer gesetzlichen Regelung abgeleitet wird. Hierbei ist es wichtig, dass alle Beteiligten Verständnis für den Sinn der Verschwiegenheit der SKH aufbringen. Die Personalabteilung sollte die SKH gemeinsam mit dem Betriebsrat und - soweit vorhanden – dem betrieblichen Sozialdienst auswählen. Ein regelmäßiger Erfahrungsaustausch mit anderen Helfern und die Teilnahme an Fortbildungsveranstaltungen bilden die Grundlage des nebenamtlichen SKH.[143]

5.2 Maßnahmen durch die Führungskraft

Die Führungskraft hat gegenüber ihren Mitarbeitern eine Aufsichts- und Fürsorgepflicht. Hiervon ausgehend ist der Personalverantwortliche dafür zuständig, die Leistung des alkoholauffälligen Mitarbeiters in Frage zu stellen und ein Fehlverhalten am Arbeitsplatz sowie der damit verbundenen Konsequenzen aufzuzeigen. Da es sich um grundlegende Fragen der Personalführung handelt, sind von den Entscheidungsträgern betriebliche

---

[142] Vgl. Fuchs, Rainer und Rummel, S. 148 - 151
[143] Vgl. edg, S. 160 - 165

Voraussetzungen zu schaffen, die ein aktives Führen ermöglichen.[144] Häufig fehlt jedoch ein ausreichendes Wissen über das Wesen der Alkoholabhängigkeit und den richtigen Umgang mit gefährdeten/kranken Mitarbeitern. Des weiteren waren sie vielleicht selbst lange Kollegen und bringen deshalb nicht den Mut für eine offene Aussprache oder Konfrontation auf. Die Führungskraft kann dann leicht zum Co-Abhängigen werden und verdrängt die Tatsache, dass der Kranke nur durch die Konfrontation mit den Problemen Verantwortung für sein Handeln und dessen Konsequenzen übernimmt.[145] Dieses „Dilemma" kann das Unternehmen durch Trainings- und Schulungsmaßnahmen vermeiden.[146] Seitens der Führungskraft können aber bereits die Veränderungen an einer Person wahrgenommen werden.[147]

5.2.1 Die Führungskraft als Co-Alkoholiker

In der frühen Suchtforschung bezeichnete man jemanden als Co-Abhängigen, wenn er in einer Ehe oder Liebesbeziehung mit einem Alkoholiker lebte.[148] In der Familie trifft es zu 90 % auf Frauen zu, während Männer viel eher dazu neigen, ihre Partnerin zu verlassen.[149] Heute wird der „Co-Alkoholiker" als Person definiert, die durch ihr meist unbeabsichtigtes und unreflektiertes Verhalten den Alkoholismus des Erkrankten aufrecht erhält oder verstärkt.[150] Indem sie versucht, die Probleme des Alkoholikers zu lösen, Verantwortung für diesen zu übernehmen, sein Verhalten entschuldigt und deckt, wird der weitere Suchtverlauf unterstützt.[151]

Dem Vorgesetzten kommt hierbei eine Schlüsselrolle zu. Er gehört für gewöhnlich zu den ersten Personen, der die frühen Auswirkungen des Trinkens auf das Verhalten des Alkoholikers erkennt. Er scheut sich aber, den Mitarbeiter auf sein Problem anzusprechen, da dies nach gängiger Meinung eine „Privatangelegenheit" ist. Häufig kennt er den Betroffenen persönlich. Lässt sich die Führungskraft in ärgerlichen oder wütenden Momenten dann doch zu moralischen Vorhaltungen verleiten, hat der Mitarbeiter diese Gespräche nahezu professionell in der Hand. Die Gesprächssteuerung fällt ihm dann nicht schwer, da er solchen Situationen bei seinen Freunden oder im partnerschaftlichen Kreis oft genug begegnet ist. Somit verlaufen die Anstrengungen des Vorgesetzten meist ergebnislos.

---

[144] Vgl. edg, S. 161
[145] Vgl. Barmer Ersatzkasse, Krankheiten von A – Z, 02.11.2007
[146] Vgl. Feser, S. 80 - 81
[147] Vgl. Hans Böckler Stiftung, S. 41
[148] Vgl. Schaef, Fassel, S. 73
[149] Vgl. Blaues Kreuz a), 27.11.2007
[150] Vgl. Feuerlein, S. 63
[151] Vgl. Barmer Ersatzkasse, Krankheiten von A – Z, 02.11.2007

Insbesondere dann, wenn keine klare Orientierungsgrundlage für Interventionen vorliegt, befindet sich der Vorgesetzte in einer schwierigen Position.[152]

5.2.2 Wahrnehmungen

Zur Feststellung der Alkoholisierung eines Mitarbeiters gibt es in der Arbeitswelt keine vorgeschriebenen Verfahren. Objektive Methoden (Abgabe von Blutproben oder Röhrchentest) sind im Betrieb nicht zulässig, da die Anordnung ein Eingriff in das Grundrecht auf körperliche Unversehrtheit und Schutz der Persönlichkeit darstellen würde. Der Arbeitgeber kann sich aber des Zeugenbeweises bedienen. Zeuge ist dann meist der Vorgesetzte.[153] Dieser bedient sich seiner Wahrnehmungen, die in Kapitel 4.1.3 als mögliche Auffälligkeiten im Arbeitsalltag näher beschrieben wurden. Sie erhalten im Kontext eines Beurteilungsprozesses ihre Bedeutung, in dem sie gewichtet, geordnet, selektiert und zusammengefügt werden.

Hierbei hängt die *Sensibilitätsschwelle* für Auffälligkeiten mit der Toleranz der jeweiligen Kultur für die entsprechende Betrachtungsweise zusammen. Innerhalb bestimmter Grenzen werden Schwankungen bezüglich Leistung, Trinkgewohnheiten, Outfit oder Kommunikationsstil nicht als Problem bewertet. Erst bei Überschreitung dieser Grenzen/Schwellen fallen Veränderungen am Mitarbeiter/Kollegen auf und ziehen die Aufmerksamkeit auf sich. Weiche Spielregeln wie z. B. flexible Arbeitszeiten, ein persönlich bestimmbares Output oder isolierte Arbeitsbedingungen, die der Kontrolle durch den Vorgesetzten entzogen sind, begünstigen das Übersehen der bestehenden Probleme. So fällt z. B. in einer sehr pünktlichen Abteilung das Zuspätkommen des einzelnen schnell auf.

Eine weitere kritische Betrachtung gilt der *Konstruktion* von Wahrnehmungen. Hierbei können unauffällige Informationen im Beurteilungsprozess leicht übersehen oder unpassende Informationen ignoriert oder „wegerklärt" werden. Auch die Sensibilitätsschwelle kann bei konkreten Personen unterschiedlich angesetzt werden, wenn der Vorgesetzte bereits vorhandene Schemata interpretiert und abgespeichert hat. Auch das Vorurteil, Alkoholismus komme bei Mitarbeitern mit niedrigem sozialen Status häufiger vor, trägt dazu bei, dass gewisse Wahrnehmungen in der eigenen Statusgruppe als unwahrscheinlich ausgeblendet werden. Ein weiteres Problem liegt in der Generalisierung von Eindrücken, wenn der Führungskraft Informationen zu ihren Mitarbeitern nur partiell vorliegen. Oft sehen sie ihre Arbeiter nur selten oder in bestimmten Arbeitszügen und sind auf die Informationen Dritter angewiesen. Hier kommt es nicht selten vor, dass von einem Kontext auf andere geschlossen oder eine Einzelsituation

---

[152] Vgl. Fuchs, Rainer und Rummel, S. 119 - 120
[153] Vgl. Fuchs, Rainer und Rummel, S. 46

verallgemeinert wird. So kann es z. B. sein, dass bei einer qualifizierten, integrierten und beliebten Person Informationen über Nachlässigkeiten oder Unzulässigkeiten weniger Zugang finden (oder umgekehrt).

Sämtliche Wahrnehmungen sind mit einem Bewertungsprozess verbunden. Die Führungskraft wird im Hinblick auf die Relevanz von Leistung, Zusammenarbeit, Effizienz etc. bewerten. Hierbei wirken Sympathie und Antipathie ähnlich stark mit. Über die Bedeutung von Alter, Nationalität oder Hautfarbe ist eher wenig bekannt.

Möglicherweise kann aber der Altersunterschied zwischen dem Vorgesetzten und betroffenen Mitarbeiter mehr ausmachen, als das Alter des Betroffenen selbst.

Diese wenigen Aspekte sollen verdeutlichen, in welchem Ausmaß Wahrnehmungen der in Kapitel 4.1.3 geschilderten suchtmittelbedingten Auffälligkeiten kontextbezogenen Einflüssen unterliegen und die Verarbeitung bzw. Bewertung der Informationen Probleme bereiten können.[154]

5.2.3 Gespräch

Ein Gespräch auf freundschaftlich, kollegialer Ebene kann seitens der Führungskraft gesucht werden, solange noch keine arbeits- oder dienstrechtlich relevanten Pflichtverletzungen des Mitarbeiters vorliegen.[155] Gerade in der Anfangsphase der Auffälligkeit ist diese Maßnahme wichtig. Hierbei ist dem Betroffenen der Eindruck zu vermitteln, dass dieses Gespräch nicht die Vorstufe zur Kündigung bedeutet, sondern dass Betrieb und Vorgesetzter ihm helfen wollen.[156] Die Führungskraft sollte sich gut vorbereiten, da Menschen mit Alkoholproblemen die Kritik an ihrer Person mit unterschiedlichen Verhaltensweisen (aggressiv, gleichgültig, erpresserisch oder einsichtig) verhindern wollen. Der Vorgesetzte darf diese Reaktionen nicht als ein bewusstes oder berechnendes Handeln werten, da der Mitarbeiter suchtbedingt oft nicht anders kann.[157] Folgende Punkte sind bei der Gesprächsvorbereitung zu beachten:

- Zunächst ist eine Vertrauensbasis zu schaffen. Das erste Treffen findet deshalb mit dem Betroffenen unter vier Augen statt.
- Das Gespräch ist unverzüglich zu führen und soll nicht „auf die lange Bank" geschoben werden, da der erkrankte Mitarbeiter im Unternehmen als Störfaktor gilt und somit eine Gefahr für sich selbst und sein Umfeld darstellt.

---

[154] Vgl. Fuchs, Rainer und Rummel, S. 121 - 125
[155] Vgl. DHS b), S. 25
[156] Vgl. Lenfers, S. 133
[157] Vgl. DHS b), S. 30

- Es ist davon auszugehen, dass der Mitarbeiter nicht nur zufällig das erste und einzige Mal getrunken hat und dadurch auffällig wurde. Vermutlich trinkt er schon länger heimlich. Dies sollte im Gespräch geprüft werden.
- Weder bei der Ursachenforschung noch bei vertraulichen Mitteilungen sollte sich die Führungskraft auf Diskussionen einlassen. An dieser Stelle ist es vorteilhaft, die Arbeitsleistung des Betroffenen und nicht das Alkoholproblem als Ausgangspunkt zu wählen. Da diese in letzter Zeit nachgelassen hat, wird der Mitarbeiter zu einer deutlichen Leistungsverbesserung aufgefordert. Erst im Anschluss kann der Alkoholkonsum als Grund für die Leistungsminderung angeführt werden, der mit beweiskräftigen Beispielen aus der unmittelbaren Vergangenheit unterstrichen wird.
- Auch die Konsequenzen bei unverändertem Verhalten sind unmissverständlich klar festzuhalten. An dieser Stelle ist dem Betroffenen Hilfe (Sozialberater, Suchthelfer, Werksarzt, etc.) anzubieten. Konkrete nachvollziehbare Schritte mit inhaltlichen und zeitlichen Zielen werden vereinbart.
- Abschließend sollte die Führungskraft den Mitarbeiter wissen lassen, dass dieses Gespräch schriftlich festgehalten und an die Personalabteilung weitergeleitet wird, wenn sich Verhalten und Leistung des Betroffenen nicht unverzüglich ändern.[158]

Im Anhang 6 befindet sich ein Muster als Orientierungshilfe zur schriftlichen Vorbereitung. Sinn der Prävention ist es, den kranken Mitarbeiter zur Veränderung seines Verhaltens und Annahme professioneller Hilfe zu motivieren mit dem Ziel, ihm die Verantwortung für die Wiederherstellung seiner Gesundheit und Leistungsfähigkeit zu verdeutlichen. Es muss ihm aufgezeigt werden, dass er selbst für den weiteren Verlauf der Auseinandersetzung verantwortlich ist.[159] Auch die Rückmeldung an die betroffene Person ist wichtig. Erweist sich das Gespräch als wirkungslos und bewirkt das Nachstoßen des Vorgesetzten nicht die gewünschte Veränderung beim Mitarbeiter, ist der bereits o. g. Stufenplan einzuleiten.[160]

---

[158] Vgl. Lenfers, S. 133 - 135
[159] Vgl. Fuchs, Rainer und Rummel, S. 134
[160] Vgl. Lenfers, S. 135

5.3 Außerbetriebliche Maßnahmen

Immer mehr Betriebe greifen bereits im Vorfeld auf außerbetriebliche Anbieter zurück, da keine ausreichenden innerbetrieblichen Möglichkeiten bestehen oder der Verständigungsprozess mit Unsicherheiten verbunden ist.[161] Auch für den kranken Mitarbeiter können außerbetriebliche Behandlungsangebote eine Alternative sein. Die Erkenntnis, ein Alkoholproblem zu haben und es nicht selbst „in den Griff zu bekommen" stellt oft eine Kränkung des Selbstwertgefühls dar, was nicht selten Scham- und Schuldgefühle mit sich bringt.[162] Diese in einer Alkoholkarriere entstandenen Problemfelder sowie eine Veränderung seiner Lebenseinstellung sind aufzuarbeiten.[163] Unterstützung findet der Betroffene bei unzähligen Beratungs- und Behandlungsstellen, Selbsthilfegruppen, Hausärzten, ambulant arbeitenden Psychotherapeuten oder Krankenkassen.[164]

5.3.1 Beratung

In der Beratungsphase wird gemeinsam mit dem Betroffenen eine Einschätzung der Problematik vorgenommen und nach entsprechenden Lösungswegen gesucht. Zunächst muss die Krankheitseinsicht hergestellt und die Person zu einer Therapie motiviert werden.[165] Unterstützend können hier die Krankenkassen wirken. Sie erlangen bereits in einem frühen Stadium Kenntnis von der Alkoholgefährdung ihres Mitgliedes. Aufgrund des Datenschutzes kann allerdings nur gegenüber dem Betroffenen ein Beratungsangebot erfolgen.[166] Erstes Ziel der Beratung ist das Erkennen der Notwendigkeit einer Änderung der gegenwärtigen Situation. Ist dieser Meilenstein erreicht, kann über die weitere Vorgehensweise einer Behandlung nachgedacht werden.

---

[161] Vgl. Fuchs, Rainer und Rummel, S. 165
[162] Vgl. Feuerlein, S. 91
[163] Vgl. Feuerlein, S. 98
[164] Vgl. Lenfers, S. 216
[165] Vgl. DHS b), S 33
[166] Vgl. Lenfers, S. 204

5.3.2 Selbsthilfegruppen

Selbsthilfegruppen bestehen seit mehr als 100 Jahren. Sie haben sich im Laufe der Zeit zu wichtigen Organen in der Betreuung von Alkoholikern und ihren Angehörigen entwickelt. Ihre Mitglieder sind hauptsächlich ehemalige Betroffene, die aufgrund dessen als Experten gelten. Ziel der Selbsthilfegruppen ist es, eine Solidargemeinschaft zu sein und nicht nur gemeinsame Interessen zu vertreten. Die Gruppen haben unterschiedliche Konzepte. Interessenten sollten deshalb ihre Erfahrungen in verschiedenen Gruppen zunächst sammeln, bevor sie sich endgültig für eine entscheiden.[167] Grundsätzlich ist es nie zu spät, eine Organisation aufzusuchen. Trotzdem gilt: Je früher, desto besser sind die Erfolgschancen! Vorraussetzung hierfür ist, dass der Betroffene sich öffnet und bereit ist über seine Probleme zu sprechen.[168] Es wurde festgestellt, dass 85 % der Suchtkranken, die regelmäßig an Selbsthilfegruppen teilnehmen, dauerhaft abstinent leben. Weiterhin sollen ein Drittel von suchtkranken Gruppenmitgliedern den Weg aus der Sucht ohne ambulante oder stationäre Therapie gefunden haben.[169] Drei der bekanntesten Selbsthilfegruppen werden hier vorgestellt:

Das Blaue Kreuz in Deutschland e. V. ist eine in *christlicher Tradition* geführte Organisation. Es arbeitet überkonfessionell mit Landeskirchen, Freikirchen und Gemeinschaften sowie mit Ärzten, Psychologen, Beratungsstellen, Verbänden und Behörden, die sich mit der Suchtkrankenberatung befassen, zusammen. Der erste Blaukreuz-Verein wurde am 21.09.1877 in Genf durch den Schweizer Pfarrer Louis-Lucien Rochat ins Leben gerufen. Am 05.10.1885 gründete Pfarrer Arnold Bovet den ersten deutschen Blaukreuz-Verein in Hagen/Westfalen. Oberstleutnant Curt von Knobelsdorff, selbst abstinent lebender Alkoholiker, sorgte ca. 20 Jahre später für die Verbreitung im ganzen damaligen Deutschen Reich und über die Grenzen hinaus. Heute sind ca. 250 hauptamtliche Mitarbeiter tätig. Die Basis bilden allerdings eine Vielzahl von ehrenamtlichen Mitarbeiter, deren Ausgangspunkt oft die eigene Betroffenheit ist. Das Blaue Kreuz finanziert sich über Mitgliedsbeiträge und Spenden. Es erhält weiterhin Zuschüsse von BfA, Krankenkassen, Kirchen und anderen Stellen. Die Hilfe für die Betroffenen beginnt in den ca. 1.200 Begegnungsgruppen. Suchtkranke finden hier erste Informationen über ihre Krankheit und Möglichkeiten der Bewältigung sowie über therapeutische Einrichtungen, an die sie sich wenden können. Es soll gemeinsam mit dem Kranken ein individueller Weg aus der Sucht gesucht und besprochen werden. Auch Angehörige erhalten Hilfe. Sie finden

---

[167] Vgl. Feuerlein, S. 101
[168] Vgl. Lenfers, S. 217
[169] Vgl. Kreuzbund – Diözesanverband Mainz, 17.12.2007

im Austausch mit anderen Angehörigen Verständnis für ihre eigene Rolle. Die Begegnungsgruppen sind auch offen für Interessierte, die mehr über sich selbst wissen möchten und sensibler im Umgang mit sich und anderen werden wollen. Weitere Einrichtungen wie die Blaukreuz-Fachkliniken für die psychologische, medizinische, pädagogische und seelsorgerische Hilfe gehören zum Verbund. Die Adaptionseinrichtungen bieten Unterstützung bei der Wiedereingliederung und dem Finden eines Arbeitsplatzes. Wohnheime und Wohngemeinschaften gelten als Angebot in besonderen Lebenslagen (z. B. chronisch mehrfach beeinträchtigte Suchtmittelabhängige...).[170]

Der Kreuzbund gilt zahlenmäßig als größter deutscher Sucht-Selbsthilfeverband und wurde von Pfarrer Joseph Neumann 1896 in Aachen gegründet. Er hat seinen Ursprung in der katholischen Kirche und gliedert sich in Gruppen, Diözesen- und Landesverbände entsprechend den Bistümern der kath. Kirche sowie den Bundesverband. Am 15.06.1975 wurde der Kreuzbund Diözesanverband Mainz gegründet. Aktuell bestehen 72 Selbsthilfe- und 25 Informationsgruppen mit insgesamt 620 Mitgliedern. Genauso viele Menschen besuchen die Gruppen ohne Mitglied zu sein. Wie auch beim Blauen Kreuz basiert die Selbsthilfe auf dem Gespräch und der Begegnung in den Gruppen. Darüber hinaus leistet der Kreuzbund Aufklärungsarbeit, fördert präventive Maßnahmen und setzt suchtpolitische Initiativen um. Er informiert in Schulen, am Arbeitsplatz und in der Öffentlichkeit, um die Bevölkerung für einen verantwortungsbewussten Umgang mit Suchtmitteln zu sensibilisieren. Kollegen und Vorgesetzte werden beraten. In Bingen ist er federführend in einem Fachforum der Stadt zur Suchtprävention (hier „Betriebliche Gesundheitsförderung und Suchtprävention"). Auch der Kreuzbund kooperiert mit Fachkliniken und Beratungsstellen und wird begleitend während und nach einer ambulanten, teilstationären oder stationären Behandlung tätig.[171]

Die Anonymen Alkoholiker (AA) nehmen eine Sonderstellung unter den Selbsthilfegruppen ein.[172] Sie definieren sich als eine Gemeinschaft von Männern und Frauen, die alle den Wunsch haben, mit dem Trinken aufzuhören. Die Gemeinschaft wurde 1935 von zwei Betroffenen in Ohio (USA) gegründet. In Deutschland tauchte sie erstmalig 1953 mit einem Inserat in einer Münchner Zeitung auf. Die ersten Gruppen entstanden in den sechziger Jahren. Heute sind die AA eine internationale Organisation mit inzwischen über 100.000 Gruppen weltweit.[173] Ihre Mitglieder sind aus-

---

[170] Vgl. Blaues Kreuz b), 17.12.2007
[171] Vgl. Kreuzbund – Diözesanverband Mainz, 17.12.2007
[172] Vgl. Feuerlein, S. 102
[173] Vgl. Anonyme Alkoholiker, 17.12.2007

schließlich Ex-Alkoholiker, bleiben anonym und kommen aus allen Völkern, Kulturen und sozialen Schichten. Mitgliedsbeiträge gibt es nicht. Die entstehenden Kosten werden durch Spenden der Besucher und aus dem Verkauf von Schriften getragen.[174] Eine Behandlung im medizinischen, kirchlichen oder sozialen Sinne gibt es nicht. Es besteht nur das Angebot der regelmäßig stattfindenden Gruppentreffen in drei verschiedenen Formen. In den geschlossenen Meetings treffen sich nur Alkoholiker, in den offenen nehmen auch Familienangehörige, Freunde und Verwandte teil. Die öffentlichen Informationsmeetings sind für jedermann zugänglich. Vorschriften gibt es hierbei keine. Die im Anhang 7 aufgeführten „12 Schritte" sollen lediglich als Ratschläge und Anregungen gelten. Weitere Dienste (z. B. Unterkunft, Verpflegung, Unterstützung bei der Wiedereingliederung oder medizinische Versorgung) bieten die AA nicht an.[175] Sie werden hauptsächlich in den USA und angloamerikanischen Ländern geschätzt, zeigen im Behandlungserfolg aber keine Unterschiede zu den alternativen Behandlungsmethoden. Der Erfolg hat sich aber als besser erwiesen, wenn die AA behandlungsbegleitend und nach abgeschlossener Behandlung weiterhin aufgesucht wurden.[176]

5.3.3 Nachsorge

Ziel der Nachsorge ist die Festigung von neuerworbenen Verhaltensweisen und Einstellungen im Alltag, die Unterstützung in Krisenfällen und die Verhinderung von Rückfällen. Auch die Hilfe bei der beruflichen Wiedereingliederung, der Freizeitgestaltung, der Regelung von Altlasten und der Stabilisierung der partnerschaftlichen und übrigen Beziehungen sind Bestandteil der Nachsorge. Dies erklärt, dass die Nachsorge- und Rehabilitationsphase zeitlich und institutionell unbegrenzt ist und sich nach der individuellen Situation des Betroffenen richten muss. Sie kann somit über Jahre andauern und durch verschiedene Helfer und Institutionen gleichzeitig oder abwechselnd unterstützt werden. Wichtig ist nach Möglichkeit auch der Einbezug der Angehörigen. Oft bestehen jedoch Widerstände der Patienten noch weitere Hilfe in Anspruch zu nehmen. Der Grunde hierfür ist meist falsches Schamgefühl. Manche Patienten stürzen sich in ihre Arbeit und wollen damit beweisen, dass sie es alleine schaffen. Andere erwarten von ihrer partnerschaftlichen Beziehung so viel, dass sie glauben, auf alle andere Unterstützung verzichten zu können. Die Betroffenen berücksichtigen hierbei nicht, dass sie an einer chronischen Krankheit leiden, die Rückfälle beinhaltet und ständige fremde Unterstützung erfordert.[177]

---

[174] Vgl. Feuerlein, S. 102
[175] Vgl. Anonyme Alkoholiker, 17.12.2007
[176] Vgl. Feuerlein, S. 103
[177] Vgl. Feuerlein, S. 99

5.4 Arbeitsrechtliche Aspekte

Bereits im Grundgesetz Art. 2 Abs. 2 ist das Recht auf Leben und körperliche Unversehrtheit verankert.[178] Speziell im Bereich der Suchtprävention, Hilfe und Nachsorge haben Arbeitgeber und Arbeitnehmer rechtliche Vorgaben zu beachten. Nachfolgend werden die wichtigsten in diesem Zusammenhang beschrieben. Hierbei ist die Unterscheidung zwischen Alkoholmissbrauch und Alkoholabhängigkeit entscheidend, da nur die Abhängigkeit (genauere Unterscheidung siehe Kapitel 4.1) eine Relevanz bei den Sozialgerichten hat.[179]

5.4.1 Fürsorgepflicht

Der Arbeitgeber hat grundsätzlich gegenüber allen Arbeitnehmern eine Fürsorgepflicht. Da Mitarbeiter, die am Arbeitsplatz trinken, sich und andere gefährden, müssen diese zum Schutz aller ihren Arbeitsplatz umgehend verlassen.[180] Der Vorgesetzte entscheidet, ob Trunkenheit beim Mitarbeiter vorliegt und ob er weiterarbeiten darf oder nicht. Besteht im Unternehmen kein Alkoholverbot (was grundsätzlich der Fall ist), muss die Führungskraft beurteilen, ob der Rauschzustand bereits soweit fortgeschritten ist, dass die Arbeit ohne Gefahr für sich und andere verrichtet werden kann.[181] Wird das Verlassen des Arbeitsplatzes angeordnet, muss weiter dafür Sorge getragen werden, dass der Betroffene nicht im berauschten Zustand Auto fährt.[182] In diesem Zusammenhang wird auf § 323 c Strafgesetzbuch (StGB) „Unterlassene Hilfeleistung" verwiesen. Er definiert was unter unterlassener Hilfeleistung zu verstehen und mit welchen Strafen zu rechnen ist. Weithin ist hier der § 221 StGB zu nennen, der den Tatbestand der „Aussetzung einer hilflosen Person" regelt. Auch hier ist mit mehrjährigen Freiheitsstrafen zu rechnen.[183]

---

[178] Vgl. Datenschutz Berlin, 11.12.2007
[179] Vgl. Feser, S. 24
[180] Vgl. Barmer Ersatzkasse, Alkoholismus, 18.10.2007
[181] Vgl. Lenfers, S. 95
[182] Vgl. Barmer Ersatzkasse, Alkoholismus, 18.10.2007
[183] Vgl. Lenfers. S. 96

5.4.2 Sicherheitsaspekt

Die Berufsgenossenschaften unterstützen die Betriebe bei Prävention, Beratung und Schulungsmaßnahmen (z. B. Abschluss von BVs, Arbeitsordnungen, Dienstanweisungen, etc.). Als Hüter der Arbeitssicherheit haben sie in ihren Unfallverhütungsvorschriften (UVV) § 38 geregelt, dass Versicherte sich durch Alkoholgenuss nicht in einen Zustand versetzen dürfen, in dem sie sich oder andere gefährden können. Es soll zum Ausdruck kommen, dass während der Arbeit am besten gar kein Alkohol getrunken werden sollte. Dies stellt allerdings kein grundsätzliches Verbot dar. Für den Vorgesetzten bedeutet diese Regelung, dass er keinen alkoholisierten Mitarbeiter dulden darf, der seine Arbeit nicht ohne Gefahr für sich selbst oder andere ausführen kann.[184] Soweit also keine tarifliche Regelung, Betriebsvereinbarung oder Arbeitsordnung besteht, die den Genuss von Alkohol während der Arbeitszeit verbietet, kann auf § 38 UVV zurückgegriffen werden.[185]

5.4.3 Entgeltfortzahlungspflicht

Die bisher geltenden §§ 1 Lohnfortzahlungsgesetz und 616 Absätze 2 und 3 Bürgerliches Gesetzbuch (BGB) wurden durch § 3 Entgeltfortzahlungsgesetz ersetzt. Hier ist geregelt, dass nur im Krankheitsfall ein Anspruch auf Entgeltfortzahlung besteht. Somit ist zu klären, ob die mit der Alkoholabhängigkeit eingetretene Arbeitsunfähigkeit vom Arbeitnehmer verschuldet ist. Ein Verschulden liegt z. B. vor, wenn der Betroffene nach erfolgreicher Entziehungskur und längerer Abstinenz rückfällig wird.[186] Kann der Arbeitgeber den Beweis für das Verschulden erbringen oder erklärt der Mitarbeiter selbst, dass ihn allein die Schuld trifft, ist das Unternehmen von der Entgeltfortzahlungspflicht befreit. Da die Beweisführung hier aber nur selten erfolgreich ist, wird es in der Regel zahlen müssen.[187] Führt ein Unfall des Arbeitnehmers im Zustand der Trunkenheit zur Arbeitsunfähigkeit, liegt (gem. Urteil des 5. Senates des Bundesarbeitsgerichts vom 11.03.1987) das Verschulden allein beim Arbeitnehmer. Hier liegt auch ein Verstoß gegen Sozialgesetzbuch (SGB) V § 1 „Solidarität und Eigenverantwortung" vor, was für die Krankenkassen maßgeblich ist.[188],[189] Der Arbeitgeber hat auch hier keine Entgeltfortzahlungspflicht, da in diesem Fall ein grobes Verhalten im eigenen Interesse seitens des Arbeitnehmers vorliegt.[190]

---

[184] Vgl. Lenfers. S 211 - 212
[185] Vgl. Lenfers, S. 57
[186] Vgl. Feser, S. 27
[187] Vgl. Lenfers, S. 130
[188] Vgl. Feser, S. 30
[189] Vgl. Sozialgesetzbuch Fünftes Buch, 11.12.2007
[190] Vgl. Lenfers, S. 131

5.4.4 Betriebsverfassungsgesetz von 1972

In vielen Unternehmen ist ein Betriebsrat als Arbeitnehmervertretung vorhanden. Er ist im Zusammenhang mit dem Thema Alkoholmissbrauch aufgerufen, einen Beitrag zur Vorbeugung von Suchtmittelproblemen am Arbeitsplatz zu liefern.[191] Hier gilt das Betriebsverfassungsgesetz von 1972 als Schutzrecht der abhängig Beschäftigten im Betrieb. Da es grundsätzlich kein betriebliches Alkoholverbot gibt, behelfen sich viele Unternehmen mit einer Betriebsvereinbarung wie im Kapitel 5.1.1 bereits beschrieben wurde. Im Zusammenhang mit der Problematik Alkohol und Mitarbeiter sind folgende Bestimmungen relevant:

- § 77 „Durchführung gemeinsamer Beschlüsse, Betriebsvereinbarungen" regelt in Abt. 2 und 4, dass Betriebsvereinbarungen gemeinschaftlich von Arbeitgeber und Betriebsrat in schriftlicher Form abzuschließen und der Belegschaft zugänglich zu machen sind und unmittelbar und zwingend gelten.[192]

- § 80 „Allgemeine Aufgaben" tangiert den Alkoholmissbrauch aufgrund der Anführung der Unfallverhütungsvorschriften in Absatz 1, Ziffer 1. Der Paragraph regelt die Pflicht des Betriebsrates zur Überwachung verschiedener Gesetze und Verordnungen sowie die Ergreifung von Maßnahmen, die ihm im Zusammenhang mit der Alkoholproblematik geboten erscheinen.

- Besonders wichtig in sozialen Angelegenheiten ist § 87 „Mitbestimmungsrechte". In Absatz 1, Ziffer 1 wird die Ordnung des Betriebes und das Verhalten der Mitarbeiter direkt angesprochen. Die generelle Gestaltung ist somit von Arbeitgeber und Betriebsrat **gemeinsam** vorzunehmen. Ziffer 7 bezieht sich erneut auf die Unfallverhütungsvorschriften.

- Möchte das Unternehmen tatsächlich eine BV bezüglich des Umgangs mit Alkohol einführen, beruft es sich auf § 88 „Freiwillige Betriesvereinbarungen", Ziffer 1.

- Zum Schutz von Person und Persönlichkeitsrechts ist abschließend § 120 „Verletzung von Geheimnissen" zu nennen, der den Arbeitgeber auffordert, die Angelegenheit streng vertraulich zu behandeln.[193] [194]

---

[191] Vgl. DHS b), S. 76
[192] Vgl. Lenfers. S. 183 - 184
[193] Vgl. Lenfers, S. 185 - 188
[194] Vgl. Juristischer Informationsdienst dejure.org, 11.12.2007

6 Fazit

Gesunde und zufriedene Mitarbeiter sind die Voraussetzung für Leistungsfähigkeit und Leistungsbereitschaft. Sie tragen nicht nur zum Erfolg ihres Unternehmens bei, sondern steigern ihre gesamte Lebensqualität.[195] Stress ist für das Wohl der Menschen sicherlich unerlässlich. In der richtigen Dosis fördert er die Weiterentwicklung und veranlasst uns zu individuellen Höchstleistungen. Andererseits sind sich die Forscher darüber einig, dass sich Stress kurz- und langfristig sowohl psychisch als auch physisch ungünstig auswirken kann. Auch in den Führungsebenen der Arbeitswelt wird langsam akzeptiert, dass zwischen arbeitsbedingtem Stress und der Entstehung von psychischen Krankheiten ein klarer Zusammenhang besteht. Hier trägt ein betriebliches Gesundheitsmanagement, ein gutes Betriebsklima und faire Arbeitsbedingungen zur Reduzierung von Absentismus, Krankenstand, Unfallzahlen und Fluktuation bei.[196]

Trotzdem werden psychische Erkrankungen in den Unternehmen auch weiterhin ihren Stellenwert einnehmen. Hierzu gehört auch die Suchterkrankung. Der Suchtmittelmissbrauch ist in Deutschland mit einer Rate von etwa 5 % aller Bundesbürger sehr hoch. Die überwiegende Zahl ist davon alkoholabhängig. Bei einer guten Wirtschaftslage und steigenden Erträgen werden alkoholbedingte Ausfallzeiten und Minderleistungen geduldet. Aktuell sind deutsche Betriebe aber zahlreichen Veränderungen wie beispielsweise in der Altersstruktur unserer Gesellschaft oder der Globalisierung von Markt und Produktion unterworfen. Aufgrund der drastischen Erhöhung der Anforderungen im beruflichen Alltag gilt es das „Humankapital" zu erhalten. Es nutzt weder der Führung noch den Mitarbeitern, Suchtprobleme am Arbeitsplatz zu ignorieren.

Prävention, Hilfe und Nachsorge wird somit zur Führungsaufgabe.[197] Präventionen bringen Arbeitgeber und Arbeitnehmer gleichermaßen Nutzen. Bei der frühzeitigen Inanspruchnahme von Hilfen können Kündigungen langjähriger Mitarbeiter verhindert werden. Wissen und Erfahrung bleiben dem Unternehmen weiterhin erhalten. Das Fortschreiten der Suchtentwicklung kann frühzeitig gestoppt werden. Dem Betroffenen bleibt ein sozialer, familiärer, seelischer und körperlicher Leidensweg erspart. Präventionen können Co-Abhängigkeiten verhindern. Die Besserung des Betriebsklimas wird erreicht. Fehl- und Abwesenheitszeiten sowie die Krankheitsrate werden verringert. Unzufriedenheit unter den Mitarbeitern und Ablaufstörungen können vermieden werden. Zusammenfassend entstehen jedem Unternehmen erhebliche Kosteneinsparungen.

---

[195] Vgl. Personalführung, S. 42
[196] Vgl. Personalführung, S. 45
[197] Vgl. Feser, S. 23

Auch aus volkswirtschaftlicher Sicht ist der Kampf gegen Alkohol am Arbeitsplatz von hoher Bedeutung. Alkoholerkrankungen verursachen in Deutschland Krankheitskosten in Höhe von mehr als 20 Mrd. Euro. Hinzu kommen wirtschaftliche Schäden durch Fehlzeiten am Arbeitsplatz, verringerte Arbeitsleistungen, Arbeits- und Wegeunfälle und eine höhere Betreuungsintensität durch Vorgesetzte. Auch die erhöhten Rentenleistungen, die durch vorzeitige Ruhestandsvereinbarungen entstehen, sind von der Gesellschaft aufzubringen.

Gesellschaftlich betrachtet besteht nach Meinung des Verfassers ein noch größerer Handlungsbedarf. Das Gesundheitsbewusstsein der Bevölkerung hat sich erst in den letzten Jahren in weiten Kreisen verbessert. Der Zugang zu Alkohol ist relativ einfach. Durch die Zunahme des allgemeinen Wohlstandes stehen mehr finanzielle Mittel bei der Beschaffung zur Verfügung. Dem könnte durch Preiserhöhungen entgegengewirkt werden. Auch die Trinkgewohnheiten haben sich verändert. Es wird häufiger und mehr getrunken.[198] Jugendliche und Kinder setzen Alkopops (alkoholische Mixgetränke) bewusst ein um sich zu betrinken. Die Alkoholindustrie möchte sich auf diese Art „die Kunden von morgen" sichern. Gerade in diesem Zusammenhang gestaltet sich das Einhalten der Jugendschutzbestimmungen für den Einzelhandel als schwierig. Ziel sollte hier sein, eine Einstellungsänderung gegenüber dem Alkohol zu erreichen.

Es ist sicher utopisch, eine alkoholfreie Gesellschaft etablieren zu wollen. Die Mehrheit der deutschen Bevölkerung hält ihre Trinkgewohnheiten gesundheitlich und sozial in vertretbaren Grenzen. Trotzdem sollte man den Alkoholkonsum nicht verharmlosen.

---

[198] Vgl. Feuerlein, S. 107

7 LITERATURVERZEICHNIS

Bücher:

Bea F. X., Dichtl E., Schweitzer M.: Allgemeine Betriebswirtschaftslehre, Bd. 2: Führung; Stuttgart 2001

Burisch, Matthias: Das Burnout-Syndrom, Theorie der inneren Erschöpfung; Heidelberg 1994

Derr, Dietmar: Fehlzeiten im Betrieb, Ursachenanalyse und Vermeidungsstrategien; Köln 1995

Faust, Volker: Seelische Störungen heute; München 2007

Feser, Herbert: Umgang mit suchtgefährdeten Mitarbeitern insbesondere mit Alkoholabhängigen, Band 26; Heidelberg 1997

Feuerlein, Wilhelm: Alkoholismus, Warnsignale – Vorbeugung – Therapie; München 2005

Fuchs, Reinhard, Rainer, Ludwig und Rummel, Martina: Betriebliche Suchtpräventionen; Göttingen 1998

Gieffers, Fritz und Pohen, Josef: Fehlzeiten im Betrieb, Zusammenhänge – Ursachen – Maßnahmen; Heidelberg 1983

Kador, Fritz-Jürgen und Müller-Hagen, Dorothee: Fehlzeiten senken, Erfassung . Analyse . Maßnahmen; Bergisch Gladbach 1981

Ladewig, Dieter: Sucht und Suchtkrankheiten Ursachen, Symptome, Therapien; München 2002

Lenfers, Henner: Das ungebremste Risiko: Alkohol und Mitarbeiter; Eine Praxishilfe für Vorgesetzte; Frankfurt am Main 1988

o. V. Wissenschaftlicher Rat der Dudenradaktion: Duden, Das Fremdwörterbuch; Mannheim 2001

o. V. Lexikonredaktion des Bibliographischen Instituts: Neues Hauslexikon; Mannheim 1981

Robbins, Stephen P.: Organisation der Unternehmung; München 2001

Schaef Anne Wilson, Fassel Diane: Suchtsystem Arbeitsplatz – Neue Wege in Berufalltag und Management; München 1994

Wagner-Link, Angelika: Aktive Entspannund und Streßbewältigung; Renningen-Malmsheim 2001

Broschüren:

Hrsg. DAK Versorgungsmanagement:

o. V.:

DAK Gesundheitsreport 2005; Hamburg 2005

DAK Gesundheitsreport 2007; Hamburg 2007

Hrsg. Hans Böckler Stiftung:

Braun Heinz und Eggerdinger Christine:

Betriebs- und Dienstvereinbarungen, Sucht und Suchtmittelmissbrauch, Analyse und Handlungsempfehlungen; Frankfurt am Main 2004

Hrsg. Wissenschaftliches Kuratorium der Deutschen Hauptstelle für Suchtfragen (DHS) e. V.:

o. V.:

a) Alkoholabhängigkeit, Suchtmedizinische Reihe, Band 1; München 2003

b) Substanzbezogene Störungen am Arbeitsplatz, Eine Praxishilfe für Personalverantwortliche; Dezember 2001

c) Qualitätsanforderungen in der Suchtprävention; Mülheim, Hannover, Hamm 2006

d) Leitfaden Prävention; Bergisch Glatbach 2006

Internet:

A-Connect e. V.:

o.V.: Vorsicht Rückfallgefahr...

http://www.a-connect.de/prozent.php, 10.11.2007

Ärztezeitung:

Bröer, Ralf: Von biochemischen Grundlagen bis hin zum altruistischen Verhaltenscode,

http://www.aerztezeitung.de/docs/2000/06/13/107a2201.asp, 05.10.2007

Anonyme Alkoholiker:

o. V.: Die 12 Schritte der Anonymen Alkoholiker,

http://www.anonyme-Akloholiker.de, 17.12.2007

Arbeitsschutzverwaltung NRW:

o. V.: Psychische Belastungen erkennen und beseitigen,

http://arbeitsschutz.nrw.de/includes/scripts/druckversion.php , 03.10.2007

Barmer Ersatzkasse:

Nonhoff, Dirk: Krankheiten von A - Z, Depressionen,

http://www.barmer.de/barmer/web/Portale/Versichertenportal/Gesundheit_20und_ 20Krankheit/Lexikon_20Krankheiten/Eintr_C3_A4ge/Depressionen.html , 09.10.2007

o. V.: Alkoholismus,

http://www.barmer.de/web/Portale/Unternehmensportal/Gesundheit, 18.10.2007

o. V.: Krankheiten von A – Z, Alkoholabhängigkeit,

http://www.barmer.de/barmer/web/Portale/Versichertenportal/Gesundheit_20und_ 20Krankheit/Lexikon_20Krankheiten/Eintr_C3_A4ge/Alkoholabh_C3_A4ng igkeit.html#ac113906, 02.11.2007

Beratung und Therapie Online:

o. V.: Suchterkrankungen, Alkohlabhängigkeiten, Alkoholsucht, Alkoholismus, Alkoholkrankheit,

http://www.alkoholsucht.btonline.de/hinweise/alkhinweise02.html, 04.10.2007

http://www.alkoholsucht.btonline.de/hinweise/alkhinweise03.html, 04.10.2007

Blaues Kreuz:

a)   o. V.: Co-Alkoholiker / Co-Abhängige ?,

http://www.blaukreuz-unna.de/co.htm, 27.11.2007

b)   o. V.: Über uns / Hintergrund,

http://www.blaues-kreuz.de/bkd/dasbk/hingr.htm, 17.12.2007

Das Beratungsnetz:

o.V.: Alkohol – der schmale Grat zwischen Genuss und Sucht,

http://www.das-beratungsnetz.de/themes/info.php?nr, 13.12.2007

Das Parlament:

Elter, Andreas: Millionen verlorene Lebensjahre – Die gesellschaftlichenk Kosten der Sucht sind erheblich, Nr. 03 2005, 17.01.2005

http://www.bundestag.de/dasparlament/2005/03/Thema/015.html, 15.11.2007

Datenschutz Berlin:

o.V.: Datenschutz und Recht, Grundgesetz (GG) für die Bundesrepublik Deutschland

http://www.datenschutz-berlin.de/recht/de/gg/gg1_de.htm#art2, 11.12.2007

DHS - Deutsche Hauptstelle für Suchtfragen e.V.:

o. V.: Alkohol,

http://www.dhs.de/web/datenfakten/alkohol.php, 27.10.2007

FH Hannover:

Kairies, Klaus: Entwicklungsmöglichkeiten für das Betriebsklima –eine Betrachtung im Lichte der Stressforschung-, Hannover 22.04.1998

http://fbwirt.fh-hannover.de/veroeff/apapier-/arb34.htm, 03.10.2007

Gesundheitsberichterstattung des Bundes:

o. V.: Arbeitsunfähigkeit,

o.V.: Krankheitskosten nach Alter und Geschlecht für Deutschland

http://www.gbe-bund.de, 16.11.2007

Gscheidle Alfred:

Alkohol im Betrieb und in Verwaltungen

http://www.alfred-gscheidle.de/leistungen/praevention/, 17.11.2007

Hessische Landesstelle für Suchtfragen e. V.:

o. V.: Daten und Fakten zum Thema Alkohol

http://www.hls-online.org/alkohol.html, 01.10.2007

Juristischer Informationsdienst dejure.org:

o. V. : Betriebsverfassungsgesetz

http://dejure.org/gesetze/BetrVG/77.html, 11.12.2007

Kreuzbund – Diözesanverband Mainz e.V.:

o.V.: Der Kreuzbund

http://kreuzbund-dv-mainz.de, 17.12.2007

LVBG Landesverband Bayern und Sachsen der gewerblichen Berufsgenossenschaften:

o. V.: Sicherheit für mich: Medikamentenabhängigkeit

http://www.nextline.de/uploads/27/fol2_02.pdf, 04.11.2007

Manager-Magazin.de:

Buchhorn, Eva: Wenn Manager trinken, „Fast hätte ich mich totgesoffen",

http://www.manager-magazin.de/life/gesundheit/0,2828,215375,00.html, 31.10.2007

Medizin Netz:

o. V.: Angst, Angststörungen,

http://www.medizin-netz.de/icenter/angststoerung.htm, 10.10.2007

Mind Tools:

o. V.: Stress and Your Performance,

http://www.mindtools.com/stress/UnderstandStress/StressPerformance.htm , 06.10.2007

Prosa:

Schumann, Günter: Ausbildung betrieblicher Suchtkrankenhelfer/Suchthelfer
http://prosa-sucht.business.t-online.de, 25.11.2007

Psychosoziale Gesundheit:

Faust, Volker: Sucht heute – Seelische Störungen erkennen, verstehen, verhindern,
  behandeln

http://www.psychosoziale-gesundheit.net/bb/05sucht_heute.html, 15.11.2007

Sozialgesetzbuch:

o.V. : Sozialgesetzbuch (SGB)

http://www.sozialgesetzbuch-bundessozialhilfegesetz.de/_buch/sgb_v.htm.
  11.12.2007

WHO Weltgesundheitsorganisation:

Hrsg.: Pressebüro Weltgesundheitstag 2001: „Psychische Gesundheit – erhalten &
  wiederherstellen", 06.04.2001, Köln

http://www.who-Tag.de/2001themen-hi-suechte.htm, 20.10.2007

Zeitschriften:

Personalführung:

o. V.: Berufstätig, gebildet, süchtig... - Konsum illegaler Drogen in der
  Arbeitswelt, Januar 2007, S. 32 - 42

Psychologie Heute:

Nuber U.: Das Fürchten lernen, Februar 2007, S. 20 - 26

Ustorf, A: Ausgebrannt am Arbeitsplatz, März 2007, S. 38 - 41

8 ANHANGVERZEICHNIS

Seite

Anhang 1: **Anteile der zehn wichtigsten Krankheitsarten an den AU-Tagen in 2006**

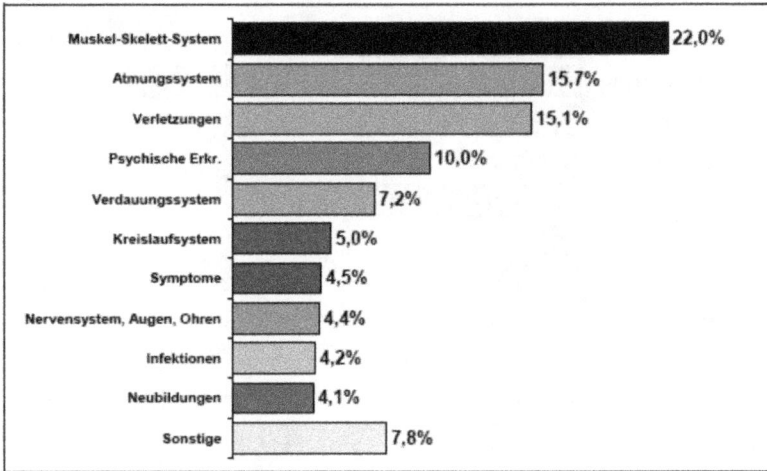

Krankheitsart	Anteil
Muskel-Skelett-System	22,0%
Atmungssystem	15,7%
Verletzungen	15,1%
Psychische Erkr.	10,0%
Verdauungssystem	7,2%
Kreislaufsystem	5,0%
Symptome	4,5%
Nervensystem, Augen, Ohren	4,4%
Infektionen	4,2%
Neubildungen	4,1%
Sonstige	7,8%

Quelle: DAK-Gesundheitsreport 2007, S. 28

Anhang 2: **Anteile der zehn wichtigsten Krankheitsarten an den AU-Fällen in 2006:**

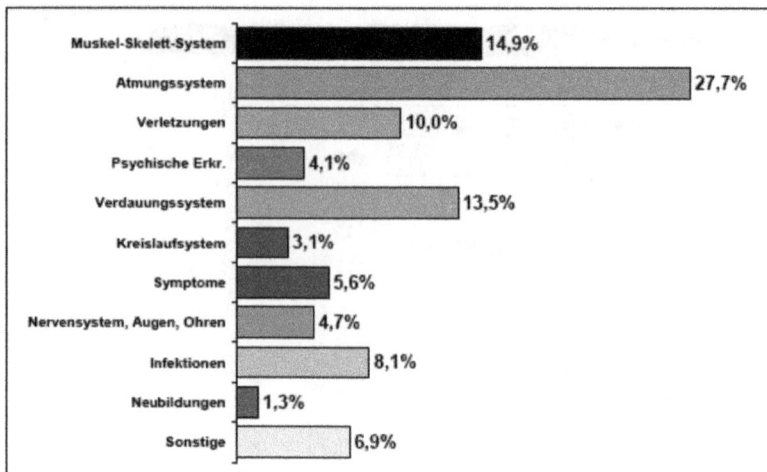

Muskel-Skelett-System	14,9%
Atmungssystem	27,7%
Verletzungen	10,0%
Psychische Erkr.	4,1%
Verdauungssystem	13,5%
Kreislaufsystem	3,1%
Symptome	5,6%
Nervensystem, Augen, Ohren	4,7%
Infektionen	8,1%
Neubildungen	1,3%
Sonstige	6,9%

Quelle: DAK-Gesundheitsreport 2007, S. 28

Anhang 3: **AU-Tage aufgrund psychischer Störungen und Anteil am Gesamtkrankenstand in 2004 nach Geschlecht und Altersgruppe:**

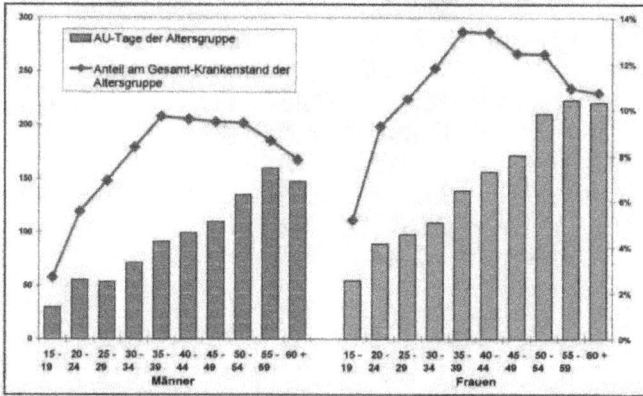

Quelle: DAK AU-Daten 2004

Quelle: DAK-Gesundheitsreport 2005, S. 47

Anhang 4: **AU-Tage augrund psychischer Störungen in 2004 nach Wirt-**
schaftsgruppen:

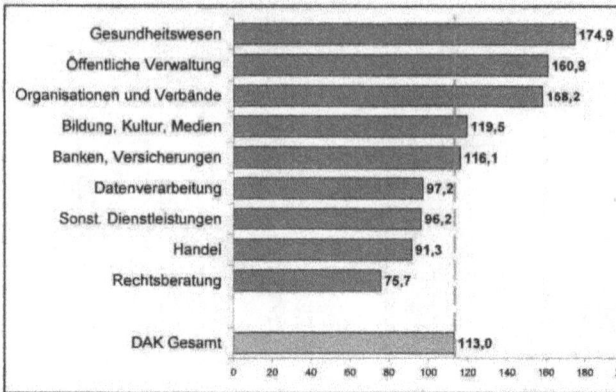

Quelle: DAK AU-Daten 2004

Quelle: DAK-Gesundheitsreport 2005, S. 50

Anhang 5: **Alkoholunfälle im Straßenverkehr 2003:**

Tabelle 11: Alkoholunfälle im Straßenverkehr[1]

Gegenstand der Nachweisung	2003	2002	Veränderung 2003 gegenüber 2002
	Anzahl		%
Alkoholunfälle insgesamt..	59 674	62 873	– 5,1
mit Sachschaden	35 441	37 540	– 5,6
mit Personenschaden ...	24 233	25 333	– 4,3
dabei Verunglückte	32 036	33 862	– 5,4
Getötete	814	932	– 12,7
Schwerverletzte	9 331	9 953	– 6,2
Leichtverletzte	21 891	22 977	– 4,7

1) Alkoholunfälle sind Unfälle, bei denen mindestens ein(e) Beteiligte(r) alkoholisiert war.

Quelle: Statistisches Bundesamt, Wiesbaden 2004

Anhang 6: **Schriftliche Vorbereitung zum Mitarbeitergespräch:**

Gesprächsraster als Orientierungshilfe

1. Was ist Ihr Ziel in dem Gespräch?

2. Welche/s Verhalten/Vorkommnisse geben Anlass zur Sorge und/oder Beanstandung?

   Arbeitsverhalten

   Sozialverhalten

   Gesundheitsverhalten/Erscheinungsbild

   Besondere Vorkommnisse

3. Warum ist eine Veränderung notwendig? Welche Auswirkungen hat das Verhalten?

4. Welches Verhalten soll die betroffene Person ändern?

5. Wie oft haben Sie bereits mit der Person gesprochen?

6. Was hat sich seit dem letzten Gespräch geändert?
   Wurden Vereinbarungen eingehalten?

7. Welche konkreten Hilfeangebote können Sie machen?

8. Welche Möglichkeit der Veränderung sieht der/die Betroffene?

9. Welche Konsequenzen hat es, wenn die betroffene Person Ihr Verhalten nicht ändert?

10. Getroffene Vereinbarungen?

11. Termin für das nächste Gespräch?

Quelle: DHS – Substanzbezogene Störungen am Arbeitsplatz, S. 31

Anhang 7: **Die 12 Schritte der Anonymen Alkoholiker:**

Anonyme Alkoholiker ®

www.anonyme-alkoholiker.de
Anonyme Alkoholiker im deutschsprachigen Raum

Die 12 Schritte der Anonymen Alkoholiker

1. Schritt

Wir gaben zu, dass wir dem Alkohol gegenüber machtlos sind – und unser Leben nicht mehr meistern konnten.

2. Schritt

Wir kamen zu dem Glauben, dass eine Macht, größer als wir selbst, uns unsere geistige Gesundheit wiedergeben kann.

3. Schritt

Wir fassten den Entschluss, unseren Willen und unser Leben der Sorge Gottes – wie wir Ihn verstanden – anzuvertrauen.

4. Schritt

Wir machten eine gründliche und furchtlose Inventur in unserem Inneren.

5. Schritt

Wir gaben Gott, uns selbst und einem anderen Menschen gegenüber unverhüllt unsere Fehler zu.

6. Schritt

Wir waren völlig bereit, all diese Charakterfehler von Gott beseitigen zu lassen.

7. Schritt

Demütig baten wir Ihn, unsere Mängel von uns zu nehmen.

8. Schritt

Wir machten eine Liste aller Personen, denen wir Schaden zugefügt hatten und wurden willig, ihn bei allen wieder gutzumachen.

9. Schritt

Wir machten bei diesen Menschen alles wieder gut – wo immer es möglich war –, es sei denn, wir hätten dadurch sie oder andere verletzt.

10. Schritt

Wir setzten die Inventur bei uns fort, und wenn wir Unrecht hatten, gaben wir es sofort zu.

11. Schritt

Wir suchten durch Gebet und Besinnung die bewusste Verbindung zu Gott – wie wir Ihn verstanden – zu vertiefen. Wir baten Ihn nur, uns Seinen Willen erkennbar werden zu lassen und uns die Kraft zu geben, ihn auszuführen.

12. Schritt

Nachdem wir durch diese Schritte ein spirituelles Erwachen erlebt hatten, versuchten wir, diese Botschaft an Alkoholiker weiterzugeben und unser tägliches Leben nach diesen Grundsätzen auszurichten.

3

www.ingramcontent.com/pod-product-compliance
Lightning Source LLC
Chambersburg PA
CBHW021838020426
42334CB00014B/693